高质量发展建设共同富裕示范区研究丛书
中国社会科学院组织编写

精神生活共同富裕的浙江探索

冯颜利 等著

中国社会科学出版社

图书在版编目（CIP）数据

精神生活共同富裕的浙江探索/冯颜利等著. --北京：中国社会科学出版社，2024.10

（高质量发展建设共同富裕示范区研究丛书）

ISBN 978-7-5227-2695-3

Ⅰ.①精…　Ⅱ.①冯…　Ⅲ.①共同富裕—研究—浙江　Ⅳ.①F127.55

中国国家版本馆 CIP 数据核字（2023）第 194963 号

出 版 人	赵剑英
责任编辑	刘　洋
责任校对	冯英爽
责任印制	王　超

出　　版	中国社会科学出版社
社　　址	北京鼓楼西大街甲 158 号
邮　　编	100720
网　　址	http://www.csspw.cn
发 行 部	010-84083685
门 市 部	010-84029450
经　　销	新华书店及其他书店
印　　刷	北京君升印刷有限公司
装　　订	廊坊市广阳区广增装订厂
版　　次	2024 年 10 月第 1 版
印　　次	2024 年 10 月第 1 次印刷

开　　本	710×1000　1/16
印　　张	12.5
字　　数	199 千字
定　　价	66.00 元

凡购买中国社会科学出版社图书，如有质量问题请与本社营销中心联系调换
电话：010-84083683

版权所有　侵权必究

总　　序

2021年，在迎来建党百年华诞的历史性时刻，党中央对推进共同富裕作出了分阶段推进的重要部署。其中意义非同小可的一条：浙江被明确为全国首个高质量发展建设共同富裕示范区，要在推进以人为核心的现代化、实现全体人民全面发展和社会全面进步的伟大变革中发挥先行和示范作用。于浙江而言，这既是党中央赋予的重大政治责任和光荣历史使命，也是前所未有的重大发展机遇。浙江发展注入了新的强劲动力！

理论是实践的先导，高质量发展建设共同富裕示范区离不开理论创新。基于理论先行的工作思路，2021年5月，中共浙江省委与中国社会科学院联合启动了"浙江省高质量发展建设共同富裕示范区研究"重大课题研究工作。

两年多来，课题组在深入调查、潜心研究的基础上，形成了由13部著作组成、约260万字篇幅的课题成果——"高质量发展建设共同富裕示范区研究丛书"。这套丛书不仅全景式展现了浙江深入学习习近平总书记关于共同富裕的重要论述精神，扎实落实《中共中央　国务院关于支持浙江高质量发展建设共同富裕示范区的意见》的工作实践，而且展现了浙江在全域共富、绿色共富、对外开放、金融发展、产业体系、数字经济、公共服务、养老保障等共同富裕不同方面的特点和基础，也展现了浙江围绕示范区建设边学边谋边干、经济社会高质量发展取得的一系列新突破。

由 13 部著作组成的这套丛书，各有各的侧重点。其中，李雪松等著的《浙江共同富裕研究：基础、监测与路径》，从共同富裕的科学内涵出发，分析了浙江高质量发展建设共同富裕示范区的基础条件，提出了共同富裕的指标体系和目标标准。魏后凯、年猛、王瑜等著的《迈向全域共富的浙江探索》，从城乡协调、区域协调和乡村振兴角度，阐述了浙江打造城乡区域协调发展引领区的经验做法。张永生、庄贵阳、郑艳等著的《浙江绿色共富：理念、路径与案例》，由"绿水青山就是金山银山"发展理念在浙江诞生的历程入手，系统阐述了浙江践行绿色发展道路、打造美丽浙江，实现生态经济和生态富民的生动实践。姚枝仲等著的《高水平对外开放推动共同富裕的浙江实践》，重点阐述了浙江在高水平开放推动自主创新、建设具有国际竞争力的现代产业体系、提升经济循环效率、实施开放的人才政策、促进城乡和区域协调发展、发展文化产业和丰富人民精神文化生活、实现生态文明和绿色发展等方面的成效。王震等著的《基本公共服务均等化与高质量发展的浙江实践》，从公共财政、公共教育、医疗卫生、养老服务、住房保障等若干角度阐述了浙江公共服务高质量发展和均等化，进而构建激励相容的公共服务治理模式的前行轨迹。张翼等著的《共同富裕与养老保障体系建设的浙江探索》，在系统分析浙江人口老龄化的现状与前景的同时，阐述了浙江养老保障体系建设的总体情况。张晓晶、李广子、张珩著的《金融发展和共同富裕：理论与实证》，剖析了金融发展和共同富裕的关系，阐述了浙江金融发展支持共同富裕的主要经验做法，梳理了金融发展支持共同富裕的政策发力点。张树华、陈承新等著的《党建引领建设共同富裕示范区的浙江探索》，重点阐述了浙江坚持和加强党的全面领导，凝聚全社会共同奋斗推进共同富裕示范区建设的突出特色。冯颜利等著的《精神生活共同富裕的浙江探索》，阐述了浙江在探索精神生活共同富裕、公共文化服务优质均衡发展等方面的突出成绩。黄群慧、邓曲恒等著的《以现代化产业体系建设推进共同富裕的浙江探索》，在分析现代化产业体系对共同富裕的促进作用基础上，阐述了浙江产业体系相对完备、实体经济发展强劲对于推进共同富裕的重要保障作用。都阳等著的《人口老龄化背景下高质量就业与共同富裕的浙江探索》，从分析人口老龄化背景下浙江就业发展的态势入手，梳理了浙江促进高质量就业面临的挑战和路径举措。夏杰长、刘奕等著的《数字经济和服务业高质量发展的浙江探索》，聚焦浙江数字经济和服务业高质量发展，系统探究了浙江数字经济和服务业高质量发展促进共同富裕的机理逻辑、现实探索和困难挑战等问题。汪德华、鲁建坤等著的《共同富裕与财税政策体系构建的浙江探索》，围绕财税体制和财税政策，阐述了浙江在资金直达基层、"钱随人走"制度改革、市县财政收入激励奖补机制、"一事一议"财政奖补体制等方面取得的重要进展。

应当说，"高质量发展建设共同富裕示范区研究丛书"的撰写，也是中国社会科学院建设中国特色新型智库、发挥智库作用的一次重要探索。中国社会科学院始终坚持学术研究与对策研究相结合，理论研究服务于党中央和国家的需要。作为为党中央和国家决策服务的思想库，只有回应时代的呼唤，认真研究解决重大理论和现实问题，才能真正把握住历史脉络，找到发展规律，真正履行使命，推动理论创新。

中国社会科学院和浙江省有着长期良好的合作传统和合作基础，这套丛书是中国社会科学院和浙江省合作研究的又一结晶。在此前的两次合作研究中，2007年"浙江经验与中国发展——科学发展观与和谐社会建设在浙江"（6卷本）和2014年"中国梦与浙江实践"系列丛书，产生了广泛而深远的社会影响。

中共浙江省委始终高度重视此项工作，省委主要领导多次作出批示，对课题研究提供了大力支持。中国社会科学院抽调了12个研究所（院）的研究骨干组成13个子课题组，多次深入浙江省实地调研。调研期间，合作双方克服新冠疫情带来的种种困难，其间的线上线下交流讨论、会议沟通不计其数。在此，我们要向付出辛勤劳动的各位课题组专家表示衷心感谢！

  站在新的更高历史起点上，让我们继续奋力前行，不断谱写高质量发展建设共同富裕示范区浙江实践、共同富裕全国实践的新篇章。

"高质量发展建设共同富裕
示范区研究丛书"课题组
2024 年 1 月 3 日

目　录

导　言 ……………………………………………………………… 1
　第一节　何为精神生活共同富裕 ………………………………… 1
　第二节　为何要重视精神生活共同富裕 ………………………… 4
　第三节　精神生活共同富裕国内外研究述评 …………………… 6
　第四节　主要思路与方法 ………………………………………… 8
　第五节　主要观点与创新 ………………………………………… 9

第一章　浙江推进精神生活共同富裕的重要遵循研究 ………… 11
　第一节　浙江倡导精神生活共同富裕的缘起 …………………… 11
　第二节　浙江倡导精神生活共同富裕的基本思路 ……………… 18
　第三节　党的十八大以来关于精神生活共同富裕的
　　　　　重要思想 ………………………………………………… 23

第二章　浙江倡导精神生活共同富裕的成效与经验 …………… 39
　第一节　浙江精神生活共同富裕建设的主要实践 ……………… 39
　第二节　浙江推进精神生活共同富裕的主要成效 ……………… 51
　第三节　浙江推进精神生活共同富裕的横向比较与
　　　　　基本经验 ………………………………………………… 61

第三章 一张蓝图绘到底：浙江建设精神生活共同富裕的文化高地 ………………………………………………… 70
第一节 浙江打造优秀传统文化"两创"高地 ………… 71
第二节 浙江打造革命文化建设高地 ………………… 81
第三节 浙江打造先进文化建设高地 ………………… 93

第四章 一张蓝图绘到底：浙江文化建设四大体系高质量发展 ……………………………………………… 99
第一节 思想引领和传播 …………………………… 101
第二节 全域文明建设 ……………………………… 106
第三节 公共文化服务体系 ………………………… 119
第四节 文化产品高质量供给 ……………………… 125

第五章 一张蓝图绘到底：浙江文化强省建设的指标研究 ……………………………………………… 130
第一节 公共文化服务 ……………………………… 133
第二节 居民综合阅读 ……………………………… 144
第三节 文明习惯 …………………………………… 148

第六章 浙江精神生活共同富裕的探索对中国和世界发展的重要意义与启示 ……………………………………… 151
第一节 浙江精神生活共同富裕探索对不断推进中国式现代化的重要意义 …………………………… 152
第二节 浙江精神生活共同富裕探索对创造人类文明新形态的重要意义 …………………………… 160
第三节 浙江精神生活共同富裕探索的重要启示 … 167

结　语 …………………………………………………… 176

参考文献 ………………………………………………… 182

后　记 …………………………………………………… 188

导　　言

习近平总书记在党的二十大报告中指出："物质富足、精神富有是社会主义现代化的根本要求。物质贫困不是社会主义，精神贫乏也不是社会主义。"① 总书记进一步强调指出："共同富裕是全体人民共同富裕，是人民群众物质生活和精神生活都富裕，不是少数人的富裕，也不是整齐划一的平均主义。"② 共同富裕不只是简单的物质财富的问题，而是关系到人民群众物质生活与精神生活共同发展的整体性富裕，其中蕴含着丰富的时代意蕴和鲜明特征。实现共同富裕，必须注重物质与精神的协调发展，引导和推动人民群众在物质生活实现富足的同时高度重视精神文化生活的丰富发展，使人民的精神状态、精神风貌、精神追求都得到切实提升。

第一节　何为精神生活共同富裕

精神生活共同富裕是指人民群众在物质财富充分丰富的同时，人们心情都很愉快、精神文化生活丰富多彩。精神生活共同富裕是实现共同富裕的必要内容之一，它是以繁荣发展中国特色社会主义为逻辑起点，坚持将马克思主义关于人的精神需要理论与当今时代中

---

① 习近平：《高举中国特色社会主义伟大旗帜　为全面建设社会主义现代化国家而团结奋斗——在中国共产党第二十次全国代表大会上的报告》，《人民日报》2022年10月26日第1版。

② 习近平：《扎实推动共同富裕》，《求是》2021年第20期。

国人民的具体实践需要有机融合的理论与实践双重创新的重要战略目标，也是中国共产党人以及全体中国人民为之不懈奋斗和追求的现实目标。人的精神生活和精神生活需要在不同的历史场域和社会环境中，具有不同的深刻内涵和特质。它受到人们的物质生产活动的直接影响，脱离特定时代物质世界的精神生活是没有任何意义且不存在的。正如马克思主义所强调："物质生产的一定形式产生：第一，一定的社会结构；第二，人对自然的一定关系。人们的国家制度和人们的精神方式由这两者决定，因而人们的精神生产的性质也由这两者决定。"① 对于新时代中国社会而言，精神生活共同富裕具有丰富的时代内涵，是中国人民实现共同富裕与全面自由发展的必然要求。

从个人层面来看，精神生活共同富裕意味着人的精神文化需要与其所在的社会中的精神生产水平高度契合，人们的精神生活状态和文化水平都得到极大发展。习近平总书记强调指出："人无精神则不立，国无精神则不强。"② 精神生活的共同富裕绝不是一个空泛的纯粹概念，而是与每一个生产生活在现实世界、参与社会实践的人息息相关的现实目标。这一战略目标的基本架构就是全体人民丰富多彩的精神文化生活，这就意味着人民群众通过丰富多彩的实践活动实现自身精神世界的充分发展的过程，就是不断推进社会整体的精神生产不断丰富发展的过程。精神生活共同富裕内在地包含了个体的精神需要在物质生产和精神生产的基础上不断得到自我完善和自我满足，丰富多彩的精神文化活动和积极向上的价值理念引导人们不断朝着正确的方向发展，最终树立坚定的理想信念，形成高尚的道德素养，从而实现人的精神文化生活的全面自由发展。

从国家层面来看，精神生活共同富裕意味着中国的国家文化软实力显著增强，社会主义文化强国建设目标得以实现。文化对于一个

---

① 《马克思恩格斯全集》第 26 卷，人民出版社 1972 年版，第 296 页。
② 《习近平谈治国理政》第 2 卷，外文出版社 2017 年版，第 47 页。

国家的繁荣发展而言，具有至关重要的作用，而文化软实力不仅是彰显一个国家的历史底蕴和文化底色的重要指标，更是与经济、军事等硬性指标相呼应的重要实力。"作为一种软实力，文化与硬实力一样都是国家实力不可或缺的组成部分。"① 随着改革开放的深入推进，我国经济社会发展取得了一系列伟大的历史性成就，中国的社会生产能力得到了显著提升。与此同时，越来越丰富的文化娱乐活动不断满足人们的精神生活需要，中国在文化事业和文化产业上也相应地不断繁荣发展，创造了许多佳绩，这使得中国不断从文化大国向文化强国大步迈进。新时代以来通过全党全国各族人民的接续奋进，"我国意识形态领域形势发生全局性、根本性转变，全党全国各族人民文化自信明显增强，全社会凝聚力和向心力极大提升，为新时代开创党和国家事业新局面提供了坚强思想保证和强大精神力量"②。在推进精神生活共同富裕的伟大实践中，社会主义文化强国的战略目标正在一步步地变为现实。

从民族层面来看，精神生活共同富裕意味着中华文化得到充分的继承与创新，中华文明和中国文化实现新的振兴。习近平总书记强调要"坚守中华文化立场，提炼展示中华文明的精神标识和文化精髓"③。中华民族历经5000多年的历史洗礼，无论是朝代变迁还是外敌入侵，都没有终止中华民族的历史传承，其中的一个根本原因就是中华民族拥有具有强大生命力的中华优秀传统文化。具有中华优秀传统文化的中华民族区别于世界其他民族的最鲜明的精神标识，就是人民精神文化生活的民族底色，中华优秀传统文化更是在时代呼唤下为推进新时代精神生活共同富裕提供源源不竭的精神动力。

---

① 沈壮海：《文化图强的世界图景》，《武汉大学学报》（哲学社会科学版）2022年第3期。
② 《中共中央关于党的百年奋斗重大成就和历史经验的决议》，《人民日报》2021年11月17日第1版。
③ 习近平：《高举中国特色社会主义伟大旗帜　为全面建设社会主义现代化国家而团结奋斗——在中国共产党第二十次全国代表大会上的报告》，《人民日报》2022年10月26日第1版。

同时，中华优秀传统文化所蕴含的民族精神凝结着中华民族传承五千多年仍生生不息的精神品格，是中国人民精神生活的重要内涵，为实现中华民族伟大复兴、为中华优秀传统文化传承和不断创新出新的时代内涵，这是精神生活共同富裕建设的时代使命，也是一以贯之的历史使命。

第二节 为何要重视精神生活共同富裕

脑力劳动和精神活动是人类特有的，这也是与其他动物相区别的一个重要特质。中华民族自古以来就重视人的精神生活，强调积极向上的价值追求和高尚的道德素养的重要性。中国共产党自成立以来，就自觉担当起领导中国革命、建设和改革的历史重任，在艰苦卓绝的百年奋斗中，始终将满足人民精神生活需要作为重要的使命。这一伟大实践和历史也深刻证明了不断推进全体人民的精神生活共同富裕是非常重要和必要的，精神生活共同富裕对于中国的发展进步具有重要价值。

首先，推进精神生活共同富裕能够不断为党和人民朝着社会主义现代化强国的伟大目标接续奋进提供坚实的思想基础和精神动力。实现伟大的目标，需要树立坚定的意志。当前，我们全面建成了小康社会，历史性地解决了困扰中华民族几千年的绝对贫困问题，人们的生活水平得到了切实的提升。这一伟大成就不是某种自然演化的必然结果，更不是其他国家给予我们的，而是通过全体人民的不断奋进，在革命、建设和改革的百年征程中用自己的实践探索创造出来的。立足于新的历史起点，我们要创造新的发展奇迹，首先必须在精神层面上鼓舞和引导全体人民。这就需要我们不断地推进精神生活共同富裕，在丰富发展人民的精神生活的基础上引导人民自觉树立为建设社会主义现代化强国而不断奋进的坚定意志和强大决心。社会主义现代化强国是一个远大且现实的目标，它涉及我国经济、政治、文化、社会、生态等各方面的建设工作，这就需要全体人民以最大的奋斗激情和坚定意志投身于全面建设社会主义现代化强国，在推进精神生活共同富裕的过程中不断深化对社会主义现代化强国的科学认识和深刻认同，进而将这种思想基础转化为实践动力。

其次，推进精神生活共同富裕能够引导人民树立高度的文化自信、文化自觉和文化自强。习近平总书记强调："文化是一个国家、一个民族的灵魂。文化兴国运兴，文化强民族强。没有高度的文化自信，没有文化的繁荣兴盛，就没有中华民族伟大复兴。"[①] 中国特色社会主义文化是中国特色社会主义的精神基底，具有丰富深刻的历史内涵、理论内涵和时代内涵。文化自信就是对中国特色社会主义文化的高度自信，就是坚定不移地认同中国特色社会主义的强大精神支撑和思想凝聚作用；文化自觉就是了解何为中国特色社会主义文化，知其内容、特点和价值；文化自强则是在继承和创新中不断推动中国特色社会主义文化的发展，不断建设社会主义文化强国。对于一个国家和一个民族的文化而言，高度发达的精神生活就是对其文化传承和创新的最坚实保障。没有极大丰富的精神生活和积极的精神状态，就没有高度的文化自信、文化自觉和文化自强。实现全体人民的精神生活共同富裕不是某一时刻或某一阶段就能够实现的，这是一个持续不断的实践过程，在这一过程中人民的文化自信、文化自觉和文化自强必然能够不断增强。

最后，推进精神生活共同富裕能够极大地增强全社会的凝聚力和向心力，从而为全面建设社会主义现代化强国提供坚实的精神力量。经济社会的健康发展离不开社会环境的稳定和团结，近代以来，中华民族遭受了来自西方列强的殖民侵略和肆意欺辱，国家主权、经济发展、社会稳定等都受到了严重的破坏，中华民族一度走到了文明崩溃的历史悬崖边。中国共产党成立以来就成为中华民族和中国

[①] 《习近平谈治国理政》第3卷，外文出版社2020年版，第32页。

人民的主心骨,将丰富和发展人民精神生活作为重要使命,在不断的斗争中逐渐扭转和改变了人民的精神面貌,使人民之间的精神纽带变得愈加坚实。改革开放尤其是党的十八大以来,"全党全国各族人民文化自信明显增强、精神面貌更加奋发昂扬"[①]。人民群众的精神生活得到了极大的丰富,各种各样的文化产品丰富多彩,人民的精神文化需要得到了切实的尊重和满足。由此,中国人民的精神意志高度地凝聚和团结在一起,将推进精神生活共同富裕进而实现全体人民共同富裕作为共同的奋斗目标和实践内容。

第三节　精神生活共同富裕国内外研究述评

党的十八大以来,以习近平同志为核心的党中央高度重视精神生活共同富裕,作出了战略性和全方位的部署,突出表明不断满足人民群众精神文化需要的重要性,从而进一步引起了学术界和理论界对精神生活共同富裕研究的高度关注。

一　精神生活共同富裕的国内研究述评

总体来说,国内关于精神生活共同富裕的研究较少,主要集中于精神生活共同富裕的内涵、价值和路径等方面。

随着经济社会的发展,精神生活共同富裕的内涵得到了不断的丰富和发展,由此对这一课题的相关研究工作也不断深入发展,其中一个基础性的研究工作就是如何准确认识和剖析精神生活共同富裕的内涵要义。从人的精神文化需要与一定阶段的社会生产之间的关系来看,项久雨等认为:"人民精神生活共同富裕是指在一定的社会历史条件下,在物质生活共同富裕基础上,人民不断选择、追求、

---

① 习近平:《高举中国特色社会主义伟大旗帜　为全面建设社会主义现代化国家而团结奋斗——在中国共产党第二十次全国代表大会上的报告》,《人民日报》2022年10月26日第1版。

创造、共享精神资源以满足多样化、多层次、多方面精神需要，并在国家共同体的高质量发展中实现人的全面发展的精神活动与精神富足状态。"① 中国式现代化与西方国家的现代化有着本质的区别，这就意味着我们所强调的精神生活共同富裕的一个鲜明特质就是其"共同"属性，例如李茹佳认为："谈精神生活共同富裕，核心是界定精神生活共同富裕的标准，既要看到'共同'，又要理解'富裕'。"②

精神生活共同富裕作为共同富裕战略目标的重要组成部分，蕴含着重要的时代价值。可以说，精神生活共同富裕对于个人乃至国家而言都具有多维度的重要价值。比如，张龙丽认为，推进精神生活共同富裕能够提升个人素质、构建美好社会、助推民族复兴。③ 柏路则从主体、民族与人类三个理论维度来总结分析其时代价值，强调精神生活共同富裕"生成于当代中国人社会生活的深刻变革，贯穿于中华民族伟大复兴的历史进程，彰显了人类文明发展新阶段的中国智慧"④。

推进和实现精神生活共同富裕是一个系统性的战略工程，这既是一个理论研究工作，也是一个实践探索工作。李建国等人认为："扎实推动精神生活共同富裕，可以从凝聚共识、夯实根基、突出共享、缩小差距等方面着力。"⑤ 赵剑英认为："树立共产主义远大理想与中国特色社会主义信念、加强社会主义核心价值观引领、弘扬和发展中华优秀传统文化、创建中国自主知识体系、推动文化事业和文化产业高质量发展、持续深化社会主义思想道德建设、营造健康的网

---

① 项久雨、马亚军：《人民精神生活共同富裕的时代内涵、层次结构与实现进路》，《思想理论教育》2022 年第 6 期。
② 李茹佳：《精神生活共同富裕的内蕴、意义与推进》，《学校党建与思想教育》2022 年第 10 期。
③ 张龙丽：《精神生活共同富裕的生成逻辑、价值意蕴与实践路径》，《理论建设》2022 年第 5 期。
④ 柏路：《精神生活共同富裕的时代意涵与价值遵循》，《马克思主义研究》2022 年第 2 期。
⑤ 李建国、严春蓉：《论精神生活共同富裕的理论意涵及其实践路径》，《科学社会主义》2022 年第 4 期。

络文化生态、发挥人民群众的主动创造精神等是实现精神生活富裕的基本路径。"①

二 精神生活共同富裕的国外研究述评

精神文化层面的需要是人生产生活中的一种需要，而对于生活在现实社会中的人而言，需要是多层次、多领域的。美国人本主义心理学家亚伯拉罕·马斯洛的需要层次理论就将人的需要概括为：生理的需要、安全的需要、社交的需要（归属的需要）、尊重的需要、自我实现的需要。他认为："任何需要的满足所产生的最根本的后果是这个需要被平息，一个更高级的需要出现。"② "人都隐藏着这五种不同层次的需要，但在不同时期表现出来的各种需要的迫切程度是不同的。人的最迫切的需要才是激励人行动的主要原因和动力。"③ 马斯洛的需要层次理论虽然存在着人本主义的理论缺陷，但是把人的自我实现当作价值目标，对于今天我们研究精神生活共同富裕有着一定的启示意义。

第四节 主要思路与方法

本研究按照"理论奠基—经验总结—实践梳理—启示意义"的思路坚持事实与价值相结合、史与论相结合、实践逻辑与理论逻辑相结合、具体与抽象相结合进行研究阐述，深入系统研究推进精神生活共同富裕的浙江实践和成功经验。

首先，明晰精神生活共同富裕的基本内涵，阐明习近平总书记关于精神生活共同富裕的重要论述的丰富意蕴。对精神生活共同富裕

---

① 赵剑英：《共同富裕视域下精神生活富裕的时代内涵及实现路径》，《马克思主义哲学》2022年第4期。
② ［美］马斯洛：《动机与人格》，许金声等译，中国人民大学出版社2007年版，第43页。
③ 刘烨编译：《马斯洛的智慧》，中国电影出版社2005年版，第30页。

这一概念进行界定，进而研究和梳理习近平总书记关于精神生活共同富裕的重要论述，是本研究的逻辑起点。只有准确把握习近平总书记关于精神生活共同富裕的重要论述的基本思路和主要内容，相关研究工作才能顺利展开。

其次，系统总结推进精神生活共同富裕的成功经验。对习近平在浙江倡导精神生活共同富裕的成效与经验进行系统梳理和总结，是准确把握精神生活共同富裕的时代特质的现实依据。立足于习近平在浙江省任职期间探索和推进精神生活共同富裕的工作历程，从当前的现实背景出发，准确把握其科学经验，并转化为有效路径。

再次，立足实践，全面准确把握浙江省探索精神生活共同富裕的重要做法。作为高质量发展建设共同富裕的示范区，浙江省在推进精神生活方面，既有坚实的经济实力作为支撑，同时浙江自古以来就有着丰富的文化底蕴。通过系统全面探究浙江文化高地建设、四大体系高质量发展以及文化强国建设等，全面分析精神生活共同富裕的浙江做法和成功经验。

最后，总结浙江精神生活共同富裕经验的时代意义和重大启示。通过梳理和总结浙江推进精神生活共同富裕的成功经验，挖掘其对中国人民和世界各国人民精神生活共同富裕的启示意义，从而为扎实推进共同富裕提供强大的精神力量。

第五节　主要观点与创新

研究对象决定研究内容和研究观点。本研究的主要观点和创新之处可以概括为：

第一，深入研究习近平总书记关于精神生活共同富裕的重要论述。习近平总书记关于精神生活共同富裕的重要论述是马克思主义共同富裕理论与新时代中国的现实状况紧密结合的理论产物，是我们推进精神生活共同富裕的根本指导思想。深入系统研究和探讨习近平总书记关于精神生活共同富裕的重要论述，准确把握习近平在浙江工作期间倡导精神生活共同富裕的缘起、基本思路和重要内容。

第二，系统分析浙江倡导精神生活共同富裕的成效与经验。努力建设全体人民精神生活共同富裕的现代化浙江，是浙江省实现新的发展的必然需要，更是浙江人民对美好精神生活的向往和追求的必然选择。习近平在浙江工作期间，高度重视人民的精神生活发展状况，积极探索和推进了浙江精神生活共同富裕。

第三，坚持人民至上、问题导向和系统观念，从浙江文化高地建设、浙江文化四大体系、浙江文化强省建设等多维度剖析和研究浙江在高质量发展建设共同富裕示范区中针对精神生活共同富裕的战略目标采取的工作做法，并从中提炼出对中国式现代化以及人类文明新形态有启示借鉴意义的浙江经验与智慧。

第一章　浙江推进精神生活共同富裕的重要遵循研究

精神生活共同富裕是全体人民共同富裕战略目标的重要组成部分，是推动全体人民精神文明不断发展的伟大目标。随着人民的物质生活水平得到极大的提升和满足，人民群众也相应地提出了美好精神生活的新需要。不断推动和实现精神生活共同富裕是适应我国社会主要矛盾转化的必然选择，人民群众精神生活共同富裕情况直接关系到共同富裕战略目标实现的成效。党的十八大以来，我国经济社会发生了深层次、多领域、全方位的发展变化，基于国内外发展形势的深刻变化，习近平总书记对人民精神生活共同富裕建设提出了一系列重要论述，这些重要论述是不断推进人民群众精神生活共同富裕的深刻思考和科学指引，形成了关于精神生活共同富裕的重要理论。这一科学理论是马克思主义中国化时代化理论在中国大地上的又一次新的理论创新，凝结着以习近平同志为核心的党中央与中国人民对精神生活共同富裕的全部理论思考和实践探索，是当代中国马克思主义、21世纪马克思主义，是马克思主义中国化时代化的最新理论成果，具有重要的理论与实践意义。

第一节　浙江倡导精神生活共同富裕的缘起

共同富裕是中国人民不断追求的一个伟大目标，是全体人民在中国革命、建设和改革中付诸实践的共同期盼,更是中国共产党人历经百年历史洗礼都不曾改变的初心使命。对于全体人民而言,经济社会的发展进步最终都要回归于人民群众的现实生活中,共同富裕是否有效推进主要体现于人民的生活质量有无提升。因而,物质生活与精神生活这两个层面的需要反映了人民对社会发展的总体要求。习近平于2002年10月至2007年3月任浙江省委副书记、代省长和省委书记,对浙江精神生活共同富裕作了深刻思考。浙江省既是一个经济大省,同时也是一个文化大省,拥有着丰富的历史文化底蕴。努力建设全体人民精神生活共同富裕的现代化浙江,是浙江省实现新的发展的必然需要,更是浙江人民对美好精神生活的向往和追求的必然选择。习近平在浙江工作期间倡导和引领的浙江精神生活共同富裕,具有丰富扎实的科学依据和现实缘起。

一 浙江具有深厚的历史文化底蕴

浙江就是我国江南地区经济与文化的中心地带,传承着悠久的浙江区域文化。浙江有着重视文化、传承文化的优良传统,在促进精神生活共同富裕的进程中,浙江区域文化能够转化为丰富浙江人民精神文化生活的优质"精神食粮"。

浙江拥有"鱼米之乡""丝绸之府"的美誉,浙江更有"文化之邦"的盛名,历史悠久,经济发达,文化昌盛,浙江自从东晋南朝全国经济重心南移至江南后,就后来居上,千百年来遥遥领先,繁荣至今。从远古的建德人开始,河姆渡、马家浜和良渚原始文化揭开了文明的篇章,传说中舜的后代受封于上虞和余姚,大禹治水到过绍兴,并长眠在此,在先秦已为百越文化中心。春秋时的越国、三国的孙吴和十国中吴越均以浙江为发端。南宋以临安为都一度占据政治和文化中心地位,杭州为七大古都之一,仍有宋城遗留至今。全国第一批历史名城中杭州、绍兴、宁波榜上有名;著名古迹不计其数,比如杭州六和塔、绍兴兰亭、禹陵等,佛教名刹如杭州灵隐寺、天台国清寺、宁波天童寺和阿育王寺等；更有河姆渡、马家浜古人类遗址。

浙江历史悠久，文化丰富，是中国古文明的发祥地之一，具有十分丰富的优秀传统文化。在长兴七里亭遗址发掘出了700多件打制石器，距今至少100万年，可见浙江人类活动至少在100万年前。浙江的原始人类"建德人"的活动，距今大约10万年前；境内已发现新石器时代遗址100多处，有距今8300—7800年的余姚市井头山遗址文化，距今7500—6500年的萧山跨湖桥遗址文化、距今7000—6000年的河姆渡文化、距今6000—5000年的马家浜文化和距今5300—4000年的良渚文化。① 春秋时浙江分属吴、越两国。秦朝在浙江设会稽郡。三国时富阳人孙权建立吴国。唐朝时浙江先后属江南东道、两浙道，渐成省级建制的雏形。五代十国时临安人钱镠建立吴越国。元代时浙江属江浙行中书省。明初改元制为浙江承宣布政使司，辖11府、1州、75县，省界区域基本定型。清康熙初年改为浙江省，建制至此确定。

浙江区域文化具有鲜明的浙江特色，是浙江地区不同文化相互融合、相互影响的结果。通过溯源研究可以发现，河姆渡文化、良渚文化、马家浜文化、上山文化等史前文化为浙江区域文化提供了历史根基。随着历史的发展和封建王朝的更迭，新旧文化、本地文化与外来文化、中华文化与西方文化相互融合、积极交流，逐渐形成了浙江区域文化。从地理因素来看，浙江省地理特征丰富，有山岭、平原、海岛，多种地理环境孕育了具有鲜明地域性的浙江文化。按照自然环境和文化性质的不同，可以将浙江文化分为浙东北文化和浙西南文化两大区文化。

浙东北文化包括浙江东部与北部地区的文化，主要是浙北平原水乡文化和浙东滨海文化。浙北平原地区以杭嘉湖平原和宁绍平原为

---

① 浙江省人民政府主管、浙江省地方志编纂委员会办公室：《浙江年鉴》（2021），红旗出版社2022年版，第48页。

主的浙北平原占据了浙江平原面积的绝大部分。受太湖、钱塘江、曹娥江、姚江、奉化江、甬江影响，这两片平原上河网稠密、地势平坦、农田肥沃，一个个自然散落聚集的乡村依水而建，呈现典型的水乡风貌。浙北平原是吴越文化繁荣之地，素有"鱼米之乡"之称，人杰地灵，孕育了大量的文化名人，如勾践、钱镠、王阳明、黄宗羲、鲁迅等；历史遗迹众多，浙江十大古镇中就有4个古镇处于其中。尤其是水乡乡村之中，蕴藏着大量的民间故事、名人祖居，古香樟、古祠堂等乡村传统文化标志景观丰富。浙东滨海地区具有鲜明的海洋文化特色，在长期的熏陶和潜移默化的影响下，浙东地区人民逐渐形成了强烈的冒险精神、创新意识。浙江宁波位于浙江东部，面朝大海，在长期的渔业、海上贸易等活动中形成了豁达大度的精神气质。浙西南文化包括了浙江西部与南部地区的文化，主要是浙中盆地文化及浙西南山地文化。浙中地区，即浙江省的中部区域，与各地区相毗邻，其区域文化具有先民的过渡属性。浙江东北部地区地形以低平的冲积平原为主，商贸文化色彩较为浓重。浙江西南部地区则主要以山川地形为主，受地形影响，人们之间难以实现较大跨度的迁移和活动，因而形成了鲜明的传统农业文化。

浙江不仅拥有深厚的传统民族文化，还在近代以来的社会实践中孕育出了绚丽多彩的红色革命文化。浙江的红色革命文化中蕴含着引领社会发展的首创精神。1920年，一个温暖的春夜，29岁的陈望道在浙江义乌分水塘村一间简陋的柴房里奋笔疾书。母亲端来粽子与红糖汁，嘱咐他用粽子蘸着趁热吃。潜心翻译的陈望道竟然蘸着砚台里的墨汁，就把一碗粽子吃掉了。让他废寝忘食翻译的那本书，就是《共产党宣言》。1920年4月底，他终于完成了《共产党宣言》全书的翻译。《共产党宣言》的翻译工作不是简单地对某一文本的翻译，不仅是马克思主义在中国社会传播的一个极为重要的标识，同时还为中国的广大工人群体和社会积极力量提供了思想指引。在《共产党宣言》的启迪之下，一大批有志青年在不断的社会探索和思考中逐渐形成了马克思主义信仰,在这种思想熏陶下,中国共产党得以慢慢壮大,逐步成为领导中国事业的核心力量。可见该书对于宣传马克思主义,推动革命运动的发展和中国共产党的创立,起到了重要的作用。除了陈望道,近代史上还有无数浙江先进人士用行动诠释着开天辟地、敢为人先的首创精神,充实着浙江红色文化的精神宝库。

浙江的红色革命文化中凝结着推动历史发展的奋斗精神。宣中华家境贫寒,少年时经历了深重民族灾难和残酷社会现实的他立志要一生致力于革命斗争。1920年夏,宣中华在毕业后选择了留校担任附属小学教员,他利用教学便利广泛接触杭州工人,到印刷工人的"工余补习学校"讲课,宣传马克思主义革命理论,并参与指导浙江印刷公司工人建立"互助会",与陈范予、倪忧天等人创办了全省第一张工人报纸《曲江工潮》。同时他还与沈定一等组织广大农民发动了以萧山衙前为中心的萧绍农民运动,开展声势浩大的抗租减租斗争。在国民大革命时期,宣中华积极参与浙江临时省政府的组建工作,领导中共党组织和国民党左派省党部组织开展工农运动,建立各县市的各级工会组织和农会组织。然而在革命形势大好之时,宣中华还是遭到了反动派的迫害,于4月17日深夜被押解至龙华荒郊杀害。坚定的共产主义信仰使宣中华将自己最美好的青春献给了中国共产党,献给了中国革命事业,用生命铸就了共产党人坚定理想、百折不挠的奋斗精神。

中华文明博大精深,在5000多年的传承发展中不断补充着新的历史内涵,而在这一过程中,不同地区的区域文化起到了重要的作用。浙江文化代表着浙江地区劳动人民的文化特色,具有丰富的历史内涵和底蕴,在浙江地区经济发展的过程中起到了重要的文化引领作用。近代以来,浙江地区更是培育红色革命力量、孕育革命精神的重要地区,在浙江嘉兴红船上就诞生了伟大红船精神。改革开放以来,浙江紧紧抓住经济社会发展的时代契机,争做中国改革的先锋力量，创造了经济社会持续发展的浙江奇迹。这一发展奇迹是浙江人民不懈奋斗的实践结果，更是浙江文化和浙江精神持续焕发出强大的精神引领力量的内在结果。长期以来，浙江领导班子高度重视浙江的文化大省建设工作，始终强调和重视浙江文化的历史底蕴和当代价值，一系列重要文化工程出台并有效实施，激发浙江人民以强大的精神创造推进实践创造。

浙江立足于丰富的历史文化底蕴，大力开展了浙江文化研究工程。这一重大文化工程，是习近平 2005 年在浙江亲自倡导设立的重大文化工程，是全国人文社科领域首个省级大型学术研究工程，也是迄今国内最大的地方文化研究项目。浙江文化研究工程重点围绕"今、古、人、文"四个方面。在研究内容上，深入挖掘浙江文化底蕴，系统梳理和分析浙江历史文化的内部结构、变化规律和地域特色，坚持和发展浙江精神；研究浙江文化与其他地域文化的异同，厘清浙江文化在中国文化中的地位和相互影响的关系；围绕浙江生动的当代实践，深入解读浙江现象，总结浙江经验，指导浙江发展。在研究力量上，通过课题组织、出版资助、重点研究基地建设、加强省内外大院名校合作、整合各地各部门力量等途径，形成上下联动、学界互动的整体合力。在成果运用上，注重研究成果的学术价值和应用价值，充分发挥其认识世界、传承文明、创新理论、咨政育人、服务社会的重要作用。

二 精神生活共同富裕是浙江人民的不懈追求和共同期盼

随着社会实践的推进，精神生活共同富裕的内涵也会相应地得到进一步的丰富和发展，而切实推进和实现这一目标是共同富裕战略目标的一个重要内容。在改革开放四十多年的奋斗中，浙江人民始终勇立潮头，从农村到城市、从经济体制改革到全面深化改革，走过了不平凡的历程，也创造了令人瞩目的发展成绩。在经济建设取得重大发展的同时，浙江人民越来越重视精神生活的现实需要，并在新的实践创造中为推进精神生活共同富裕作出了不懈努力。

浙江人民对美好精神生活的向往和追求是浙江省委和政府的工作目标和前进方向。精神生活需要是一种普遍性的需要，每一个生活在现实世界中、从事社会劳动的人都必然有着精神生活的需要和追求。在丰富多彩的社会实践活动中展现自己的社会价值、实现自我发展是人们共同的精神追求。对美好精神生活的追求和向往不是一个特殊的需要，而是一个具有鲜明的共同性和普遍性的发展需要。习近平在浙江工作期间始终强调文化发展在浙江精神社会发展中的重要地位以及所发挥的重要作用。历史和事实证明，浙江文化的发展与进步为浙江改革开放的时代探索提供了持久的精神推动力量。长期以来，浙江颁布出台了一系列推动浙江文化发展的重大战略部署和工作谋划。2003年7月，浙江省委强调文化大省建设；2005年7月，浙江规划和实施文化建设"八项工程"；等等。通过持续性地展开文化建设工作，浙江文化得到了切实的重视，完善了浙江文化建设的战略规划。党的十八大以来，习近平总书记高度重视社会主义文化建设，把继承和弘扬中国特色社会主义文化作为一项重要的战略任务。浙江省委深刻把握习近平总书记关于文化建设和精神生活共同富裕的重要论述，紧扣浙江经济社会发展的实际情况，一以贯之地推进浙江文化建设，将浙江文化的精神力量转化为推动浙江深化改革的实践动力，开辟了新时代浙江文化建设的新篇章。

浙江精神是浙江人民精神风貌的集中体现，是在改革开放的伟大实践中，在浙江人民持续奋斗、不畏艰难推进浙江改革开放的过程中形成的精神力量，这是浙江推进精神生活的强大支撑。习近平在浙江工作期间强调："浙江精神作为中华民族精神的重要组成部分，是以爱国主义为核心的民族精神、以改革创新为核心的时代精神在浙江的生动再现，是浙江人民在千百年来的奋斗发展中孕育出来的宝贵财富。"[①]浙江精神是浙江人民坚持劳动奋进的精神产物，是中华精神的重要

---

① 习近平：《与时俱进的浙江精神》，《哲学研究》2006年第4期。

组成部分，二者是源与流的关系。在千百年来的历史流变和实践奋斗中，浙江精神代代相传、不曾断绝，其强大的传播力和影响力体现在浙江人民敢于创新、勇于探索、勤于奋进的实践创造中。可以说，浙江精神凝结着浙江发展进步的"根"与"魂"，蕴含着浙江文化中最为鲜明的地方特色。习近平在浙江工作期间指出："一定社会的文化环境，对生活其中的人们产生着同化作用……必须依靠文化的熏陶、教化、激励作用，发挥先进文化的凝聚、润滑、整合作用。"[①] 以浙江精神为纽带和契机，推动浙江精神生活共同富裕是浙江在新的历史潮流创造新的辉煌的必然之举。由浙江人民传承和发展的浙江精神，蕴含着一代代浙江人民的文化基因和精神追求。对于推进精神生活共同富裕而言，浙江精神是浙江人民自己的精神财富，更是推进浙江精神生活共同富裕的重要内涵。这一伟大精神所彰显的浙江人民"特别能吃苦、特别能忍耐、特别能创业、特别能发现商机、特别能化解危机、特别能适应市场经济的优秀品行"[②]，在推进浙江精神生活共同富裕的伟大实践中更能焕发出强大的实践力量。

第二节 浙江倡导精神生活共同富裕的基本思路

坚持在不断推进人民精神生活共同富裕的过程中建设现代化浙江，是浙江省探索建设共同富裕示范区的必然举措，顺应了浙江人民追求美好精神生活的正确方向。习近平在浙江工作期间，把推进精神生活共同富裕作为重点任务来抓，有效推动了浙江精神文明建设的发展进步，人民精神生活得到了极大满足。

习近平关于精神生活共同富裕的科学认识和分析是建立在深刻的辩证思维和系统逻辑之上的，习近平在浙江倡导精神生活共同富裕的基本

---

① 习近平：《干在实处　走在前列》，中共中央党校出版社 2006 年版，第 293 页。
② 习近平：《与时俱进的浙江精神》，《哲学研究》2006 年第 4 期。

思路更是习近平关于精神生活共同富裕的重要论述形成的思想雏形。

首先,党的领导是浙江推进精神生活共同富裕的政治保证。党的领导是中国特色社会主义制度的最大优势,是社会主义在中国大地上不断焕发时代生机的根本保证。坚持党的领导不仅能够为推进精神生活共同富裕稳定前进的方向,而且还能够最大限度地团结全体人民的创造力量,为推进精神生活共同富裕提供全方位、多领域的综合推力,由此引领全体人民为了实现这一战略目标而勠力奋进,克服各种阻碍人民精神生活积极发展的风险挑战。新时代以来,中国人民通过自己的实践创造实现了令世界瞩目的发展奇迹,充分彰显了党的领导的战略优势。事实证明,中国共产党能够将中国各方面力量有效集中,以最为强大的合力来推动中国经济社会的发展和进步。因而,推进共同富裕必须始终坚持以党的领导为根本的政治支撑,在动态平衡与持续发展中推进经济社会发展。在中国共产党的领导下,浙江人民积极探索、大胆创新、干在实处,合力推动浙江实现了从资源小省向经济大省的蝶变、由基本温饱向全面小康的飞跃。浙江的实践是中国经济社会发展的生动写照和重要缩影。2003年,习近平在浙江工作期间擘画实施了"八八战略",历届浙江省委坚持一张蓝图绘到底,一任接着一任干,推动浙江改革发展取得了辉煌成就,成为全国体制机制最活、开放程度最高、经济发展最快、人均收入最高的省份之一。而"八八战略"的其中一大战略就建立于深刻激发浙江文化的历史底蕴和时代优势,以浙江文化为根基全面推进浙江文化大省建设。2005年7月浙江省委召开十一届八次全会,专门研究浙江的文化发展问题。全会围绕文化大省建设,全面深刻地分析形势,总结经验,查找不足。习近平在此次大会上系统阐述了什么是文化、文化的意义和价值、文化建设与增强浙江软实力之间的关系,以及今后浙江发展过程中为什么要把文化放在重要位置等重大问题,并针对性地提出了"3+8+4"的文化大省建设框架。在这次全会上,中共浙江省委作出了《关于加快建设文化大省的决定》，进一步把准了浙江文化建设的方向，擘画了浙江文化工作的发展蓝图，在浙江文化建设历史上具有战略意义和深远影响。

其次，树立战略思维是浙江推进精神生活共同富裕的重要特征。习近平总书记指出："我们是一个大党，领导的是一个大国，进行的是伟大的事业，要善于进行战略思维，善于从战略上看问题、想问题。"[1] 中国共产党在百年的历史征程中始终能够保持全党上下思想的团结一致，带领全体中国人民在革命、建设和改革的伟大斗争中取得一个又一个的伟大胜利，引领中国人民在实践劳动中改变自己的生产生活水平，从根本上扭转中华民族的前途命运，一个重要原因就是中国共产党始终保持高度的战略思维。习近平在浙江工作期间立足浙江、站在党和国家事业全局的高度，把推进精神生活共同富裕作为一个重大的理论与实践课题，以"八八战略"为主线推进浙江文化大省建设，体现出对文化建设的自觉认同和高度重视。浙江拥有深厚的文化底蕴，推进和实施"八八战略"是势之所趋、时之所需。浙江历届省委以文化建设为工作线索，持续推进"八八战略"，从文化大省、文化强省再到文化浙江，坚持一步一步走，切实实现浙江文化建设的发展，以人民群众精神文化生活得到真正丰富为标准，实现了浙江文化建设的一次次飞跃。2008年6月，省委工作会议通过《浙江省推动文化大发展大繁荣纲要（2008—2012）》，在新起点上对文化建设作出了部署。2011年11月，确定了建设浙江文化强省的新的战略目标。文化强省这一目标，是"八八战略"在文化建设工作中的具体落实。2017年6月，浙江省第十四次党代会立足于新的历史条件特别是人民精神生活需要的变化，提出"在提升文化软实力上更进一步、更快一步，努力建设文化浙江"的新目标。2020年6月，浙江省委十四届七次全会提出了"努力建设展示

---

[1] 《继续把党史总结学习教育宣传引向深入　更好把握和运用党的百年奋斗历史经验》，《人民日报》2022年1月12日第1版。

坚持社会主义核心价值体系、弘扬中华优秀传统文化革命文化社会主义先进文化的重要窗口"的新目标定位。2022年，浙江省第十五次党代会强调"突出共建共享，以探索共同富裕的有效路径激发全社会新活力，形成共同奋力、共创美好生活的新理念新机制新气象"。可见，浙江推进精神生活共同富裕的实践探索是一个一以贯之的战略部署，每一次新的理论与实践探索都蕴含着深刻的战略思维。

再次，文化高地建设是浙江推进精神生活共同富裕的重要途径。习近平总书记指出："统筹推进'五位一体'总体布局、协调推进'四个全面'战略布局，文化是重要内容。"[①] 推进精神生活共同富裕，首先就要充分满足人民的文化需要。新时代以来，中国人民通过实践奋斗创造了丰富的物质精神财富，社会生产的发展使得人民有了更多的空闲时间参与各种各样的文化活动。由此，人民对优美人文环境、优质文化服务、优秀文化活动的需要和追求不断加强，这就要求党和国家大力推进文化高地建设，为人民不断供给高质量、高水准的文化产品，领导人民在各种形式的文化创新创造活动中不断实现全面发展。2003年，浙江开始实施"八八战略"，将"文化大省"建设作为一项重要任务来准确把握和持续推进，赋予了浙江文化建设工作以新的时代价值。习近平在浙江工作期间，将"八项工程"作为重点工作来抓。"八项工程"集中反映了浙江人民在精神文化领域的发展需要和利益诉求，浙江省委以持续不断的劲头推进和实施了"八项工程"，由此浙江文化事业和文化产业得到迅速发展，一大批优秀文化产品踊跃出来，人民的精神文化生活得到充分的丰富，浙江文化软实力显著提升。积极推进浙江文明城市建设，有效提升浙江人民的文明素质和文化素养，在全国范围内打造具有浙江特色的文明城市名片；加快建成各类文化基础设施，为浙江人

---

① 《习近平主持召开教育文化卫生体育领域专家代表座谈会强调全面推进教育文化卫生体育事业发展 不断增强人民群众获得感幸福感安全感》，《人民日报》2020年9月23日第1版。

民的文化娱乐活动搭建起丰富的文化平台，确保浙江人民能够在日常工作和生活中广泛感受到文化熏陶；电影《西游记之大圣归来》、电视剧《麦香》、戏剧《呦呦鹿鸣》、广播剧《呦呦青蒿》等7部作品获"五个一工程"奖，《外交风云》《王阳明》等一大批优秀影视作品相继推出，在全国范围内形成了不俗的反响；扎实推进文化企业改革工作，实现国有文化企业改革升级，激发了各类文化事业单位的文化创新力、创造力和生命力；积极推动浙江文化产业和文化平台建设，打造高水准、高质量的文化产业带；文化及相关产业增加值占GDP比重从2016年的5.8%提高到2020年的6.95%，文化产业综合指数居全国第三位，浙江文化已经具备了由大到强跃迁的条件。

最后，利用新兴信息技术是浙江不断推进精神生活共同富裕的重要抓手。新时代要不断推进精神生活共同富裕，使中国特色社会主义文化与中国人民的生产生活紧密联系起来，使精神生活共同富裕的战略目标被人民群众所自觉认同、接受，就需要不断创新精神生产生活的平台建设，以全方位、宽领域、多层次的新兴信息技术推进精神生活共同富裕。推动精神生活共同富裕与新兴信息技术发展，是当今形势下构建精神生活共同富裕新的发展形势的必然趋势。习近平总书记指出："推动传统媒体和新兴媒体融合发展，要遵循新闻传播规律和新兴媒体发展规律，强化互联网思维，坚持传统媒体和新兴媒体优势互补、一体发展。"[①] 习近平在浙江工作期间高度重视科技创新，在省科技厅座谈会上强调指出："现在，信息技术日新月异，应用领域不断拓宽，成为当代高技术发展的热点。生命科学及生物技术正在酝酿着重大突破，将引发农牧业和医疗与诊断技术的革命。以纳米材料为代表的新材料层出不穷，对先进制造业及医药、环保、能源等带来深刻影响。边缘学科、交叉学科渗透发展。

[①] 《习近平关于全面建成小康社会论述摘编》，中央文献出版社2016年版，第117页。

科学与技术趋向一体化，科学转化为技术、技术转化为现实生产力的周期越来越短，速度越来越快。知识经济迅猛发展，科技越来越成为经济社会发展的决定性力量，人类社会开始走向知识经济时代。"①浙江通过制定出台《关于推进共同富裕文化创新的实施方案》，提炼发扬共同富裕精神基因，系统培塑共同富裕价值理念、核心精神、社会规范、文化标识，组建共同富裕文化创新研究中心，深入研究文化创新在实现共同富裕中的重要作用。以数字化改革为引领，打造舆论引导在线、精神生活共同富裕民情在线、志愿浙江、礼堂家、浙文创、未来社区等应用场景，未来社区的"家头条""邻里帮""文E家"等应用推进文化资源和服务下沉。

第三节 党的十八大以来关于精神生活共同富裕的重要思想

对美好生活的追求和向往是人类共同的特点，而美好生活不仅包括美好的物质生活，还包含丰富多彩的精神生活。人类社会发展至今都贯穿着为美好精神生活而不懈奋斗的主题，这不仅是哲学家、思想家的一种思辨，更是每一个人为了实现自身的自由全面发展而必然坚定的深刻内涵和现实追求。回望中国共产党的百年历程就可以发现，一代代共产党人始终坚持把中国人民对美好生活的向往作为其初心使命的重要组成部分，在革命、建设和改革的伟大实践中领导人民不断创新和发展着精神生活。尤其是党的十八大以来，以习近平同志为核心的党中央深刻把握新发展阶段的新变化、新特点、新方向，基于国内外发展形势的深刻变化，对人民精神生活共同富裕提出了一系列的深刻思考和科学指引，形成了关于精神生活共同富裕的重要论述，为我国推进精神生活共同富裕进而实现全体人民

---

① 《"习书记在浙江大力度推进科技强省建设"——习近平在浙江（十七）》，《学习时报》2021年3月22日。

共同富裕提供了科学的理论指引。

一 关于精神生活共同富裕重要思想的理论基础

习近平总书记关于精神生活共同富裕的重要论述集中反映了党的十八大以来中国共产党人对什么是精神生活共同富裕、怎样推进精神生活共同富裕的重大课题的理论思考与实践探索,是马克思主义共同富裕理论同当代中国具体实际相结合、同中华优秀传统文化相结合的最新理论成果,是党和人民积极探索和扎实推进这一战略目标进而创造美好精神生活、推动人民精神文化健康发展的根本遵循。中国特色社会主义进入新时代,在经济、政治、文化、社会、生态等方面都显现出新的时代特点。尤其是在社会生产实现高速发展的同时,人民又对美好生活提出了新要求,其中就包含对美好精神生活的需要和追求。习近平总书记关于精神生活共同富裕的重要论述引导党和人民奋力推进精神生活共同富裕的根本指导思想,这一科学理论的生成绝不是无的放矢,而是蕴含着深刻的理论基础,它是新时代背景下以马克思主义为根本遵循,准确把握党和人民在推进精神生活共同富裕的实践经验以及当下中国社会的具体情况的基础上形成的系统性理论。

其一,马克思主义关于共同富裕的科学理论为习近平总书记关于精神生活共同富裕的重要论述提供了理论源泉。马克思主义关于共同富裕精神生活的理论,作为一种科学理论,科学回答了人类社会发展的未来走向的路径选择,承认和尊重了作为历史主体的人民群众的精神生活需要的必然性,这一科学理论是习近平总书记关于精神生活共同富裕的重要论述的理论根基。马克思、恩格斯立足于唯物史观和剩余价值这两个伟大发现,深刻剖析了人类社会的发展规律和未来前景,强调要通过科学社会主义实践实现共同富裕,进而使人民自己创造出美好的物质生活和精神生活,这一系列的科学思想为习近平总书记关于精神生活共同富裕的重要论述提供了根本的理论支撑。首先，马克思主义强调共产主义社会的一个重要特征就是物质财富达到十分丰富的状态，并由此实现人的自由全面发展。马克思主义强调，共同富裕意味着"通过社会生产，不仅可能保证一切社会成员富足的和一天比一天富裕的物质生活，而且还可能保证他们的体力和智力获得充分的自由发展和运用"①。这意味着推进精神生活共同富裕必须使全体人民的精神生活都能够达到富足的状态，使得人民的精神状态和思想观念得到全方位的发展。习近平总书记强调："我们追求的发展是造福人民的发展，我们追求的富裕是全体人民共同富裕。"②可见，中国社会所追求的精神生活共同富裕之"共同"特质根源于马克思恩格斯对共同富裕的深刻理解和科学研判。其次，马克思主义强调精神生活共同富裕必须建立在高度发达的社会生产力之上，以富足的物质生产为前提的精神生活共同富裕才具有现实基础意义。脱离了社会生产力的发展，"那就只会有贫穷、极端贫困的普遍化"③，也就是说，精神生活的发展无法脱离物质生活的制约和影响，要实现前者的极大发展就必须以社会生产力的极大发展为基础条件。因而，推进精神生活共同富裕绝不能抛开社会生产活动而空谈精神生活。党的十八大以来，以习近平同志为核心的党中央高度重视物质生活与精神生活的有机统一和双向发展，带领人民在接续奋进中实现了第一个百年奋斗目标，使全体人民的物质生活水平实现了质的飞跃和发展，为推进精神生活共同富裕奠定了坚实的现实基础。最后，马克思主义强调实现共同富裕必须建立在社会主义的基础之上。马克思主义强调，发展社会主义的目的在于"给所有人提供充裕的物质生活和闲暇时间，给所有的人提供真正的充分的自由"④。与资本主义不同，社会主义在生产资料上强调公有制，即人民共同占有生产资料，通过劳动占比来分配劳动产

---

① 《马克思恩格斯选集》第 3 卷，人民出版社 1995 年版，第 633 页。
② 《中共中央召开党外人士座谈会》，《人民日报》2015 年 10 月 31 日第 1 版。
③ 《马克思恩格斯选集》第 3 卷，人民出版社 1995 年版，第 86 页。
④ 《马克思恩格斯全集》第 21 卷，人民出版社 1965 年版，第 570 页。

品。这也就意味着人民自己所创造的社会财富（包括物质财富与精神财富）都归全体劳动人民所有。由此，我们党始终坚持发展社会主义，将其作为实现精神生活共同富裕的根本路径，并以此创造了令世界瞩目的发展奇迹，中国人民的精神生活得到了切切实实的丰富。总之，习近平总书记关于精神生活共同富裕的重要论述，是坚持以马克思主义为根本内核的理论体系，是习近平新时代中国特色社会主义思想的重要内容，其中关于共同富裕的丰富理论更是推进精神生活共同富裕的根本行动指南。

其二，中国共产党人对精神生活共同富裕的深刻思索和探讨，为习近平总书记关于精神生活共同富裕的重要论述提供了历史支撑。中国共产党人历来重视人民群众的精神文化生活，将推动精神生活共同富裕作为实现共同富裕战略目标的重要任务。从中国共产党成立之初到建党百年，中国共产党人都以自己的实际行动带领着中国人民开展精神文化建设，不断丰富人民群众的精神生活。在新民主主义革命时期，以毛泽东同志为主要代表的中国共产党人高度重视和强调精神文化活动对革命运动的积极作用。毛泽东指出："我们的工作首先是战争，其次是生产，其次是文化。没有文化的军队是愚蠢的军队，而愚蠢的军队是不能战胜敌人的。"① 中国共产党在领导新民主主义革命的过程中始终重视文化建设，通过党和人民的不懈创造形成了新民主主义文化，为革命时期推进人民群众精神生活的共同富裕奠定了重要基础。譬如：1940 年 1 月，边区文协召开第一次代表大会，出席会议的文化学者达到 123 名；1942 年 5 月 23 日，延安文艺座谈会结束时参加合影人数为 104 人，其中文艺工作者为 97 人；等等。可以说，新民主主义文化的繁荣发展是中国共产党带领人民推进精神生活共同富裕的出发点。在社会主义革命和建设时期，党领导人民战胜政治、经济、军事等方面一系列严峻挑战，为推进精神生活共同富裕提供了稳定的社会环境。在精神文化的建设

---

① 《毛泽东选集》第 3 卷，人民出版社 1991 年版，第 1011 页。

方向上，毛泽东强调要坚持为无产阶级专政服务，为工农兵服务的总体方向；在建设路径上，则指出"艺术问题上百花齐放，学术问题上百家争鸣，我看应该成为我们的方针"①。一大批优秀文化作品在这一时期创作出来，人民群众的精神文化生活得到了不断的丰富和充实。在改革开放和社会主义现代化建设时期，物质生活建设在改革开放中不断推进，精神生活也越来越得到重视。邓小平就把物质文明和精神文明形象地比喻成"两只手"，指出："要两手抓，两手都要硬，任何时候、任何情况下，都不能用牺牲精神文明为代价换取经济的一时发展。"② 江泽民指出："在社会不断发展进步的基础上使人民群众不断获得切实的经济利益、政治利益、文化利益。"③ 这里的文化利益指的就是确保人民能够共享丰富多彩的精神文化生活。胡锦涛进一步指出："物质贫乏不是社会主义，精神空虚也不是社会主义。"④ 由此将人民群众的精神生活建设提高到一个新的高度。通过深入推进改革开放，中国人民的物质生活水平得到了显著提升，人们不再被温饱问题而困扰。社会生产力的快速发展使得人民有了更多空闲的时间来参与和享有精神文化生活。党的十八大以来，中国人民的物质生活与精神生活得到了全方位的发展与进步，同时也对社会生产提出了新的任务和要求。由此，习近平总书记不断强调推进物质生活与精神生活的共同发展和相互促进，这两个维度的富裕情况都是共同富裕战略目标的重要组成部分。新时代以来，习近平总书记立足于国内国外发展的新形势，在深刻把握我国社会主要矛盾转化的基础上科学推进精神生活共同富裕的实践工作。人民对美好生活的向往和需要就包含了对美好精神生活的不懈追求，对此习近平总书记指出："促进共同富裕与促进人的全面发展是高度

---

① 《毛泽东文集》第 7 卷，人民出版社 1998 年版，第 57 页。
② 《邓小平文选》第 3 卷，人民出版社 1993 年版，第 376 页。
③ 《江泽民文选》第 3 卷，人民出版社 2006 年版，第 279 页。
④ 《胡锦涛文选》第 3 卷，人民出版社 2016 年版，第 163—164 页。

统一的。"① 换言之，促进共同富裕就是为了使全体人民能够实现全面的发展，使全体人民在物质层面和精神层面上都达到高度富裕的美好状态。

其三，中华优秀传统文化中关于人民精神生活的积极思考为习近平总书记关于精神生活共同富裕的重要论述奠定了民族底色。中华民族向来是注重精神文化的民族，对精神生活的重要价值有着深刻的认识。同时，在5000多年的文化传承中中华优秀传统文化沉淀了丰富多彩的精神文化财富，并随着中国社会的进步而逐渐转化为激励中国人民团结奋进的强大精神力量，这既是人民精神生活的重要内涵，同时也是推进精神生活共同富裕的历史支撑。习近平总书记指出："中华优秀传统文化是中华文明的智慧结晶和精华所在，是中华民族的根和魂，是我们在世界文化激荡中站稳脚跟的根基。"② 中华文化源远流长，博大精深，其中蕴含着中华民族和中国人民在5000多年历史传承中积淀形成的中华优秀传统文化，蕴含着在战火纷飞中锤炼而成的革命文化以及在改革奋进中凝练的社会主义先进文化。其中的中国精神更是代表和凝结着中华文化的核心精髓，是中国人民精神气质和精神风貌的集中体现。中国精神承载着中华民族5000多年传承不灭的历史脉络，是中国人民强大的精神力量的集中呈现。在漫长的历史沉浮中，中华民族经历过历史辉煌，也遭受过来自西方世界的殖民欺辱，但都没有中断中国精神的代代相传，反而使中国人民愈加昂扬奋进，在一个个时代挑战中将中国精神锤炼得更加强大，这就是中国人民在任何时期、面对任何考验都能够团结一心的精神联系。从民族特质来看，中国精神集中表现为以爱国主义为核心的民族精神；从时代发展来看，中国精神则表现为以改革创新为核心的时代精神。其中爱国主义始终是把中华民族坚强团结在一

---

① 习近平：《扎实推动共同富裕》，《求是》2021年第20期。
② 《习近平在中共中央政治局第三十九次集体学习时强调把中国文明历史研究引向深入　推动增强历史自觉坚定文化自信》，《人民日报》2022年5月29日第1版。

起的精神力量，改革创新始终是与时俱进的精神力量。中华优秀传统文化是中华民族能够传承5000多年而未曾断绝的根本所在，是中国人民精神生活的重要内容，更是推动全体人民精神生活共同富裕的强大支撑。中华民族传承至今，其对精神追求的价值理念有着独到的见解和思考。譬如，在价值追求问题上，以孔子为代表的儒家思想就强调"君子喻于义，小人喻于利"，认为人们要坚守道义而各得其利，不应有过多的非分之想，如果放纵对利益的无止境追求，就会引发社会矛盾。可见，中华优秀传统文化中所蕴含的对理想追求和道德素养的积极认知是当代中国社会推进精神生活共同富裕的重要精神财富。总之，中华优秀传统文化中关于精神生活的积极观点，对新时代中国人民的精神文化生活有着重要意义，是习近平总书记关于精神生活共同富裕的重要论述的重要理论基础。

二 关于精神生活共同富裕重要思想的丰富内涵

习近平总书记关于精神生活共同富裕的重要论述扎根于马克思主义关于共同富裕的科学理论，同时扎根于中国社会的具体实际，继承了中国共产党百年来对精神生活共同富裕的理论思考和实践探索，吸收了中华优秀传统文化中的文化精髓，具有丰富的哲学内涵，是指引全体人民推进精神生活共同富裕的重要思想资源。

其一，精神生活共同富裕是实现共同富裕的重要内容，是党和人民在新的征程上接续奋进的重要目标。考察研究精神生活共同富裕，首先就要准确认识和深入把握精神生活共同富裕的深刻内涵历史地位。习近平总书记指出："我们说的共同富裕是全体人民共同富裕，是人民群众物质生活和精神生活都富裕。"[①] 而要实现这一目标，就需要充分理解其丰富内涵。对于当代中国社会而言，物质生产与精神生产二者都具有重要的时代价值，都是社会主义现代化强国建设

---

① 习近平：《扎实推动共同富裕》，《求是》2021年第20期。

的重要组成部分,都是经济社会实现全面自由发展的重要推动力量。因而,要实现共同富裕就必须在不断推动社会物质生产能力的同时,不断提高社会精神生产能力,促使全体人民享有丰富多彩的物质与精神财富。从人民群众的追求来看,当前人民提出了对美好生活的需要,就包括了对美好精神生活的追求和向往,推进精神生活共同富裕则是符合社会发展方向与人民发展需要的必然任务。习近平总书记在党的十九大上对我国社会主要矛盾的转变作出了准确判断,为新时代中国社会的发展指明了前进方向。《中共中央关于党的百年奋斗重大成就和历史经验的决议》进一步强调:"新时代我国社会主要矛盾是人民日益增长的美好生活需要和不平衡不充分的发展之间的矛盾。"① 这就要求我们在稳步推进经济社会发展的同时,不断发展和丰富人民的精神生活,以适应人民群众思想状况、满足人民精神需要为目标,不断推进精神生活共同富裕。从党的层面来看,精神建设是中国共产党始终坚持、一以贯之的重要任务。在革命战争年代,我党就将革命精神建设作为培育革命意识和革命力量的重要途径,强调要将文艺创作"作为团结人民、教育人民、打击敌人、消灭敌人的有力机器,帮助人们同心同德地和敌人作斗争"②。在这一特殊时期,我党也创作了如《白毛女》《保卫黄河》等优秀文艺作品,既陶冶了革命地区人民群众的心灵,又激励和鼓舞了革命战士的斗争精神。在当今和平稳定发展的新时代,中国共产党始终将精神文明建设作为党的建设的重要内容,由此党和人民的精神风貌才得到了不断的锻造和提升。精神文明建设关系着党的前途、命运和发展,更关系着中华民族的发展振兴与中国梦。习近平总书记对此就指出:"没有文明的继承和发展,没有文化的弘扬和繁荣,就没有中国梦的实现。"③ 可见中国梦内在地包含着物质文明高度发展与精

---

① 《中共中央关于党的百年奋斗重大成就和历史经验的决议》,《人民日报》2021年11月17日第1版。
② 《毛泽东选集》第3卷,人民出版社1991年版,第848页。
③ 习近平:《在联合国教科文组织总部的演讲》,《人民日报》2014年3月28日第2版。

神文明极大丰富，是二者相互构建、相互统一的结果。回望党的百年历史，重视发挥精神力量、重视加强思想建设是党的建设和发展的重要内容，也是我党开创新时代新篇章的重要任务。从国家的层面来看，全面建设社会主义现代化强国内在地包含和要求全体人民在精神生活方面的富裕和强大。当前经过百年奋斗，我们如期实现了第一个百年奋斗目标，中华民族探寻了数千年的绝对贫困问题在中国共产党的领导下最终得以破解，当今正朝着社会主义现代化强国的第二个百年奋斗目标不断迈进。这不仅需要我们在物质文明层面上创造出更加丰富的物质财富，还需要我们以更加坚强的精神状态来引导我们的文化创造。可见，精神生活共同富裕能否实现直接关系着人民美好生活水平的高低，精神生活共同富裕是推进当今中国式现代化事业的重要内容，同时也是衡量中国式现代化程度的重要标准。

其二，促进人的自由全面发展是促进精神生活共同富裕的最终目标。人的全面发展既包含着物质层面的发展，还包含着精神层面的富足。马克思、恩格斯指出："每个人的自由发展是一切人的自由发展的条件。"[1] 人民群众在精神文化方面实现高度的富裕是共同富裕的重要组成部分，而促进人民群众精神生活的共同富裕最终是要促进人的自由全面发展，这就需要在推进精神生活共同富裕的过程中充分满足每一个个体的精神生活需要。换言之，人民群众精神文化生活的丰富与发展代表着人在物质层面、精神层面以及社会方面等各领域都实现全方位的发展。习近平总书记指出："在我国社会主义制度下，既要不断解放和发展社会生产力，不断创造和积累社会财富，又要防止两极分化，切实推动人的全面发展、全体人民共同富裕取得更为明显的实质性进展。"[2] 精神生活共同富裕是全体人民共同富裕的重要组成部分，而推进精神生活共同富裕与促进人的全面

---

[1] 《马克思恩格斯选集》第1卷，人民出版社2012年版，第422页。
[2] 习近平：《正确认识和把握我国发展重大理论和实践问题》，《求是》2022年第10期。

发展又是高度统一、一体两面的辩证统一关系。当前，小康社会已经在我国社会中全面实现，在这一新的历史起点上，以习近平同志为核心的党中央不断强调精神生活共同富裕的重要性，科学领导着全体人民在丰富多彩的精神文化活动中不断创造一系列的精神文化产品，极大地充实和丰富了人民群众的精神生活，人民群众在物质生活水平得到显著提升的同时精神面貌和价值理念都焕然一新。从唯物史观的角度来看，物质生活共同富裕与精神生活共同富裕是互为一体的，二者的最终归属都将落脚于实现人的自由全面发展。一方面，推动物质生产的不断发展能够为精神生活共同富裕提供重要的现实基础。人们在社会生产中所创造的物质财富能够满足人们的生活需要，而随着社会生产力的发展，人们在完成物质生产活动之后有了更多的空闲时间投身于精神文化活动，从而实现更高层次的发展。另一方面，人的自由全面发展是经济社会发展到一定程度的必然结果，人们精神生活的极大富裕既体现了物质生活的富裕，同时也能够激发人们参与生产劳动的积极性。因此，通过推进全体人民精神生活的共同富裕，扎实推进共同富裕，是人民群众实现自由全面发展的必然阶段。

其三，以人民为中心、人民至上是推进精神生活共同富裕的价值选择和价值标准。习近平总书记在党的二十大上指出："党的理论是来自人民、为了人民、造福人民的理论。"[①] 习近平总书记立足于新时代中国人民的全部实践创造，全面深入系统思考和科学回答了当今中国社会发展的一系列时代课题，创立了习近平新时代中国特色社会主义思想。这一科学思想是中国共产党的又一次伟大的理论创新，是扎根于人民、回归于人民的科学思想，其全部理论内容都始终贯穿着一个主线——以人民为中心、人民至上。习近平总书记关于

[①] 习近平:《高举中国特色社会主义伟大旗帜　为全面建设社会主义现代化国家而团结奋斗——在中国共产党第二十次全国代表大会上的报告》,《人民日报》2022 年 10 月 26 日第 1 版。

精神生活共同富裕的重要论述是习近平新时代中国特色社会主义思想的重要组成部分，是以习近平同志为代表的中国共产党人对推进全体人民精神生活共同富裕的科学认识，其中也贯穿着以人民为中心的思想主线。习近平总书记对推进精神生活共同富裕的深刻思考内在地蕴含了人民至上的价值诉求。可见，精神生活共同富裕是关系到千千万万中国人民生产生活的现实问题，而实现这一战略目标集中反映了中国共产党人为中国人民谋求幸福生活、为中华民族谋求振兴发展的初心使命，这是中国共产党的政党属性和根本宗旨的必然逻辑。推进精神生活共同富裕，就是要使更多的人共同创造和共同享有丰富多彩的精神文化生活，这是一代代的中国共产党人对这一战略任务深刻思考的根本目标。另一方面，推进精神生活共同富裕必须紧紧依靠人民群众的强大力量，这是历史与实践证明了的科学经验。习近平总书记指出："江山就是人民，人民就是江山。中国共产党领导人民打江山、守江山，守的是人民的心。"① 精神生活共同富裕是党和人民共同的理想追求，实现这一战略目标绝不是轻轻松松、轻而易举的事情。从广度来看，推进精神生活共同富裕关系到全体中国人民能否顺利实现共同富裕、能否顺利实现中华民族伟大复兴。要在十四亿多人口的发展中国家中实现这一目标，涉及面之广可以说是前所未有，西方发达国家显然也未曾面临过如此艰巨的发展难题；从深度来看，精神生活共同富裕不是人民群众的精神生活得到基础性的保障和满足，而是全体人民的精神文化需要得到充分而深刻的全方位满足，人民的思想水平和精神风貌都得到焕然一新的转变。因而，要推进如此之难度的战略目标就必须依靠足够强大的实践力量——人民群众的实践创造。正如习近平总书记所言："人民是历史的创造者，是决定党和国家前途命运的根本力

---

① 习近平：《高举中国特色社会主义伟大旗帜　为全面建设社会主义现代化国家而团结奋斗——在中国共产党第二十次全国代表大会上的报告》，《人民日报》2022年10月26日第1版。

量。"① 中国共产党人以咬定青山不放松的强大定力持续不断地推进精神生活共同富裕，不是为了满足自身的需要，更不是为了什么阶层的利益需要，而是始终以满足人民群众精神文化需要为唯一目的的。由此可见，习近平总书记关于精神生活共同富裕的重要论述深刻把握了人民群众在推进精神生活共同富裕中的主体地位，强调了要实现这一目标就必须紧紧依靠人民，通过人民群众强大的创造创新能力来不断丰富精神生活。

三 关于精神生活共同富裕重要思想的时代价值

中国共产党在百年奋斗历程中坚持不懈地思考和探索精神生活共同富裕的重大课题，在革命、建设和改革的各个时期都引领着人民推进精神文化建设，不断丰富着人民群众的精神文化生活。尤其是党的十八大以来，以习近平同志为代表的中国共产党人将这一重要课题放置于新的战略高度之上，形成了关于精神生活共同富裕的科学理论。一种理论科学与否，直接体现于其能否正确地指导实践，而习近平总书记关于精神生活共同富裕的重要论述本身就是来源于中国人民的具体实践的理论，更是新时代不断推进人民精神生活共同富裕，进而实现全体人民共同富裕战略目标的根本遵循，具有深刻的时代价值。

首先，习近平总书记关于精神生活共同富裕的重要论述具有深刻的理论价值，是中国共产党坚持理论创新的时代遵循。从理论源头来看，马克思、恩格斯在思考和探寻人类社会发展前景的过程中，高度重视人的精神需要，并从人的历史主体地位出发，发现了人在推动人类社会物质与精神财富创造中的核心作用，具有深刻的历史唯物主义意蕴。这一理论内在地包含了物质生产与精神生活、物质生活共同富裕与精神生活共同富裕的深刻理解，其中马克思、恩格

---

① 《习近平谈治国理政》第3卷，外文出版社2020年版，第16—17页。

斯关于精神生活的科学认识是指导当今中国社会不断推进精神生活共同富裕的根本指导思想。作为马克思主义共同富裕理论在新时代的最新创新成果，习近平总书记关于精神生活共同富裕的重要论述，立足于新时代中国特色社会主义的时代背景，创新发展了马克思主义共同富裕理论。习近平总书记关于精神生活共同富裕的重要论述，坚持马克思主义的立场、观点和方法，准确把握了人民物质生产与精神生活之间的辩证关系。马克思主义认为，人类社会的存在和发展是建立在一定的物质基础之上的，在社会发展的过程中社会存在决定着社会意识的内涵、性质和发展方向，同时社会意识又能够反作用于社会存在。"物质生活的生产方式制约着整个社会生活、政治生活和精神生活的过程。"① 换言之，人们的精神生产活动不是一种脱离于物质基础的纯粹的思想活动，它受制于物质生产活动的状况和水平。马克思主义关于物质生产活动与精神生产活动之间的辩证关系的原理，为我们正确认识和把握精神生活共同富裕提供了基本遵循。新时代以来，中国人民的物质生活条件不断改善，人民生活水平不断提高，精神文化生活也相应地得到了丰富和发展，人民精神风貌和文化水平也相应提高；与此同时，人民群众也对社会精神生产提出了新的要求。对此，我们党高度重视人民群众的精神文化生活的新需要，把人民精神生活提升到一个新的历史高度，指出要推进物质生活与精神生活的协同发展、双向促进，并着重强调精神生活共同富裕是共同富裕不可或缺的重要部分。习近平总书记指出："贫穷并不可怕，怕的是智力不足、头脑空空，怕的是知识匮乏、精神委顿。脱贫致富不仅要注意'富口袋'，更要注意'富脑袋'。"② 这一重要论断鲜明地彰显了习近平总书记对精神生活共同富裕的内涵和价值的科学认识和准确把握。习近平总书记在实现全体人民共同富裕的战略目标的总框架中，以马克思主义共同富裕科学理论为

---

① 《马克思恩格斯文集》第 2 卷，人民出版社 2009 年版，第 591 页。
② 《习近平关于社会主义经济建设论述摘编》，中央文献出版社 2017 年版，第 232 页。

逻辑支撑，形成了对人民精神生产活动和文化娱乐活动的社会价值和时代地位的科学认识，并对物质生活与精神生活之间的辩证关系作出了创新性的回答和判断，由此对精神生活共同富裕形成了新的科学认识，实现了马克思主义共同富裕理论在中国特色社会主义新时代的理论飞跃和创新。

其次，习近平总书记关于精神生活共同富裕的重要论述具有重要的实践价值，是引领全体人民推进精神生活共同富裕的根本实践遵循。一定的理论来源于一定的社会实践，也必将回归和服务于新的社会实践。从实践维度来看，习近平总书记关于精神生活共同富裕重要论述的科学理论和时代意义，不仅在于其是对马克思主义共同富裕理论和一代代的共产党人对精神生活共同富裕的理论探索，还在于习近平总书记始终坚持立足于实践，把新时代中国社会的发展现状尤其是中国人民对美好精神生活的新的现实要求作为理论思考和实践探索的基础性依据。由此，习近平总书记关于精神生活共同富裕的重要论述将研究视野放在了新时代的社会实践中，为推进精神生活共同富裕提供了根本的实践指导。其一，习近平总书记关于精神生活共同富裕的重要论述，强调坚持物质生产与精神生产的协调发展，是推进精神生活共同富裕的根本遵循、有效路径和正确方向。实现全体人民共同富裕是中国人民长期以来坚持不懈的一个战略目标，在这之中就要准确把握整体与部分之间的关系。显然，共同富裕是一个整体内涵，而物质生活共同富裕与精神生活共同富裕则是两个部分。准确把握这种一体两面的辩证关系，是系统推进精神生活共同富裕的基本前提。其二，习近平总书记关于精神生活共同富裕的重要论述强调全面统筹推进精神生活共同富裕。人民精神生活的丰富和发展涉及经济社会发展的方方面面，推进精神生活共同富裕需要我们全面、系统、战略性地推进相关工作。要从整体出发，在顶层设计上注重科学系统地谋划和布局精神生活共同富裕，从而为人民的实践探索提供准确的方向。其三，习近平总书记关于精神生活共同富裕的重要论述准确指明了推进精神生活共同富裕的实践目标——促进人的全面发展。对于生活在现实社会中的人而言，精神生活的丰富发展与人的全面发展是相互促进、有机统一的。人的全面自由发展包含着物质与精神两个方面的发展与进步，而精神生活的丰富又是推进人的全面发展的一个重要保证。人民在积极参与精神文化生产的过程中创造了丰富的精神财富，在推动整体社会的精神文明进步的同时使自身也得到了不断进步与发展。

最后，习近平总书记关于精神生活共同富裕的重要论述具有深刻的历史价值，牢牢地把握着新时代中国特色社会主义文化发展的历史脉络和时代脉搏。习近平总书记关于精神生活共同富裕的重要论述科学回答了什么是精神生活共同富裕、怎样实现精神生活共同富裕的时代问题，切实推动了新时代社会主义精神文明建设的历史进程。其一，习近平总书记关于精神生活共同富裕的重要论述，准确把握了新时代中国特色社会主义的历史方位，把新时代社会主要矛盾的转变作为推进精神生活共同富裕的历史基点。新时代以来，通过全体人民的积极创造，我国经济社会发展取得了新的伟大成绩，在各个方面都实现了重大发展，在这一现实基础上我国社会主要矛盾相应地发生了转变。这种转变对于精神生活共同富裕来说，就集中表现为人民更加渴望和需要美好精神生活。经过长期发展尤其是改革开放以来的高速发展，中国人民的物质生活条件有了根本性的扭转，人们也有了更多的时间和精力来参与和享受各种文化活动。以习近平同志为核心的党中央准确把握这一变化，准确把握和不断深化精神生活共同富裕的历史意义。由此可见，习近平总书记关于精神生活共同富裕的重要论述，为新发展阶段开启建设社会主义精神文明进行了前瞻性思考、总体性布局，是处于新的历史方位继续推进社会主义精神文明不断发展的基本方略和重要遵循。其二，习近平总书记关于精神生活共同富裕的重要论述，指明了社会主义精神文明建设和精神生活共同富裕的发展方向和时代目标。推进精神生活共同富裕，不断创造社会主义精神文明建设新的历史成就，首先要搞清楚为什么要推进精神生活共同富裕以及社会主义精神文明建设走向何处的根本问题。习近平总书记在中国共产党成立100周年之际庄重宣告："今天，中华民族向世界展现的是一派欣欣向荣的气象，正以不可阻挡的步伐迈向伟大复兴。"① 一个民族的强大绝不能缺少精神的强大，中华民族伟大复兴不仅仅是物质层面的复兴，还包括了中华民族和中华文明的精神复兴。没有精神的富裕，中华民族就难以实现复兴梦想。近代以来，中华民族受到了来自西方世界的殖民压迫和欺辱，中华文明一度陷入黑暗的历史中。中国共产党一经成立，就把实现中华民族伟大复兴作为其初心使命，领导中国人民在革命、建设和改革的过程中实现了中国社会的一次次飞跃式发展，中国人民的精神状态也焕然一新。习近平总书记指出："实现中华民族伟大复兴的中国梦，物质财富要极大丰富，精神财富也要极大丰富。"② 当前，中华民族伟大复兴进入了不可逆转的历史进程中。这需要我们不断推动社会主义精神文明建设，更好地满足人民在精神文化方面的各种需要，使全体人民自主自觉地继承和创新发展中华优秀传统文化，将社会主义精神文明建设与实现中华民族伟大复兴紧密联系起来，不断推进人民群众精神生活共同富裕的历史进程。

---

① 习近平：《在庆祝中国共产党成立100周年大会上的讲话》，《人民日报》2021年7月2日第2版。
② 《习近平谈治国理政》第2卷，外文出版社2017年版，第323页。

第二章　浙江倡导精神生活共同富裕的成效与经验

"物质贫困不是社会主义，精神贫乏也不是社会主义。"① 习近平在主政浙江期间就强调，物质文明与精神文明要协调发展、共同推进。十年来，浙江省委、省政府坚持以习近平新时代中国特色社会主义思想为指导，对如何推动精神生活共同富裕进行了一系列理论和实践探索，取得了一系列重大突破，积累了一系列重要实践经验。

第一节　浙江精神生活共同富裕建设的主要实践

浙江推进精神生活共同富裕的生动实践成效显著并且具有很重要的示范意义，如搭建推进精神生活共同富裕的"四梁八柱"、加强精神生活共同富裕的研究宣传阐释、推进文化强省建设高质量发展、打造浙江高质量的精神文化生活体系、谋划精神生活共同富裕的目标愿景、围绕制度机制体系建设推动精神生活共同富裕真正落细落实等。

---

① 习近平：《高举中国特色社会主义伟大旗帜　为全面建设社会主义现代化国家而团结奋斗——在中国共产党第二十次全国代表大会上的报告》，《人民日报》2022年10月26日第1版。

一　围绕打造新时代文化高地，搭建推进精神生活共同富裕的"四梁八柱"

一个目标即围绕在共同富裕中实现精神富有、在现代化先行中推进文化先行，率先构建以人的现代化为核心的文化发展格局，加快实现人民群众精神生活高品质、文化供给高质量、文化治理高效能，充分展现人文之美、山水之美、道德之美、风尚之美，建设城乡一体、均衡协调的文化共享家园、精神富有社会，努力成为社会主义文化强国的省域范例；四大体系即思想引领和传播、全域文明建设、公共文化服务体系、文化产品高质量供给；五个指标即每万人拥有公共文化服务设施面积、居民综合阅读率、文明好习惯养成实现率、社会诚信度、人均文化娱乐消费占比。同时制定《关于文化赋能26县同步实现共同富裕的实施意见》等，构建打造新时代浙江人民精神生活共同富裕责任落实、改革突破、争先创优和激励保障等机制。

二　围绕凝聚思想共识和智慧力量，加强精神生活共同富裕的宣传阐释

浙江省委、省政府主要从三个方面对精神生活共同富裕进行了阐释。一是加强理论研究阐释。将共同富裕纳入新思想溯源工程，启动实施"习近平关于共同富裕的重要论述在浙江的探索与实践"重大课题研究，成立浙江省习近平新时代中国特色社会主义思想研究中心，建设共同富裕智库平台，密集推出理论研究成果，《当前境内思想舆论场关于共同富裕六种误导性观点和应对建议》等多期深研参阅得到原省委书记的批示，其中两期得到中央领导批示。二是营造舆论氛围。开展中央媒体集中采访，加强共同富裕主题宣传，实施"共同富裕"国际传播工程，成功举办"中国共产党的故事——习近平新时代中国特色社会主义思想在浙江的实践"专题宣介会、"中国共产党与世界政党领导人峰会"浙江安吉分会场活动等重大主场外宣，讲好共同富裕的中国故事、浙江故事。三是加强热点问题

引导。聚焦共同富裕政策问题、认知问题等社会关切,推出"共同富裕十个是什么、不是什么""共同富裕六问六答"系列专题,进行针对性的解疑引导,全网点击量近1亿。开展以"共同富裕"为主题的千场青年理论宣讲,创办"六和钟"微信公众号,连续发表《高质量发展是"共富"之基》等理论网文,社会反响强烈。

三 围绕精神生活共同富裕新要求,推进文化强省建设高质量发展

相对于物质生活共同富裕,精神生活共同富裕开辟了新命题、提出了新要求。面对新命题新要求,浙江省委、省政府一是加大文艺精品供给,实施新时代文艺精品创优工程,谋划设立"之江潮"杯文化大奖,创作推出《峰爆》等新时代主题文艺精品,策划实施《革命与复兴:中国共产党百年图像志》、图书"足迹"系列、《望道》等一批重点主题出版物。二是打造传承中华文脉金名片,全面推进宋韵文化传世工程六大行动计划,构建立体化、系统化宋韵文化保护研究传承体系,已完成多项课题研究,南孔文化、和合文化、阳明文化等优秀传统文化品牌更加响亮。三是持续提升公共服务效能,完成国家版本馆杭州分馆、之江文化中心等一批文化地标建设,杭州分馆工程建设得到中央领导和省委、省政府主要领导的充分肯定;深入实施百城万村文化惠民工程,推进城乡一体"15分钟品质文化生活圈"建设,截至2021年年底累计建成农村文化礼堂1.98万家,每万人拥有公共文化设施面积达4038平方米。四是激发文化产业活力,实施文化产业数字化战略,推动文化产业高质量发展,2021年前三季度,全省规模以上文化企业营收9380亿元,同比增长21.5%。浙报传媒、浙江出版、华策影视、华数集团荣膺"全国文化企业30强";国家(杭州)短视频基地奠基,中国(之江)视听创新创业基地挂牌成立,浙江数字文化国际合作区入选国家文化出口基地。

四 围绕共建共享精神家园，打造浙江高质量的精神文化生活体系

一是持续擦亮"最美浙江人"金名片，健全完善最美人物全周期服务机制，产生4例全国道德模范、6例全国道德模范提名、1例全国"诚信之星"；选树"最美浙江人·浙江骄傲"，大力弘扬最美精神。二是不断提升文明实践品牌影响力，启动培育"浙江有礼"省域文明新实践品牌，推出"文明使者""之江美丽心灵""李家播报""幸福巴士"等具有浙江辨识度的特色载体；上线"志愿浙江"应用，成为"浙里办"高频应用，已有注册志愿者1782.67万，日活跃用户达9万人次，疫情期间更是超过22万人次。三是推进精神文明创建活动，确定新一轮省示范文明城市参评城市10个，省文明县（市、区）参评城市14个；全域推进新时代文明实践中心试点，建成文明实践所（站、点）5万余个，实现实践所、站全覆盖，实施"文明好习惯养成工程""最美风尚培育行动"，继"礼让斑马线"之后，"用餐不浪费""聚餐用公筷"逐渐成为浙江文明新风尚，文明好习惯养成实现率达81.36%。四是围绕高质量发展建设共同富裕示范区的创造性实践，推进共同富裕文化创新；制定出台《关于推进共同富裕文化创新的实施方案》，提炼发扬共同富裕精神基因，系统培塑共同富裕价值理念、核心精神、社会规范、文化标识，组建共同富裕文化创新研究中心，不断释放促进共同富裕的文化力量。[①]

五 围绕人民群众美好精神生活需要，谋划精神生活共同富裕的目标愿景

以数字化改革为引领，打造舆论引导在线、共同富裕民情在线、志愿浙江、礼堂家、浙文创、未来社区等应用场景，未来社区的"家头条""邻里帮""文E家"等应用推进文化资源和服务下沉。

---

① 相关数据除特别注明外，都截止到2021年年底。下文同。

根据浙江省委、省政府的规划，2022年，浙江加快推动在共同富裕中实现精神富有，在现代化先行中实现文化先行，在理论支撑、精神富有、文化共享上聚力发力；在全域文明建设方面，打造"浙江有礼"省域文明品牌，擦亮"最美浙江人"品牌。在公共文化服务体系方面，建设"15分钟品质文化生活圈"，推行浙江文化保障卡制度；在文化产品高质量供给方面，创建国际影视文化创新中心，建设"双百结对"26县文化共同体，打造"一村一品"乡村文化品牌。到2027年，实施新时代文化强省战略，打造新时代文化高地即思想理论高地、精神力量高地、文明和谐高地、文艺精品高地、文化创新高地，努力成为社会主义文化强国建设的省域范例。实现年人均接受文化场馆服务次数达到9次，"15分钟品质文化生活圈"实现全覆盖，居民阅读率达到93.5%，全域文明创建推进度达91%，文明好习惯养成实现率达91%，常住人口参与志愿服务的比例不低于15%；文化及相关产业增加值占GDP比重达7.5%左右。打造具有一定影响力的共同富裕国际化论坛品牌，"浙江有礼"省域文明新实践成为共同富裕示范区的鲜明标识，推出一批高峰气派、浙江韵味的浙产精品力作，一批彰显中华文脉的文化金名片，率先形成共同富裕品质文化生活的浙江标准。

六 围绕制度机制体系建设，推动精神生活共同富裕真正落细落实

构建高品质公共文化服务体系。积极打造"15分钟品质文化生活圈"，深化百城万村文化惠民工程，推行浙江文化保障卡制度，让公共文化服务更好惠及全省人民群众。实施新时代文化地标建设，深入实施百亿文化设施建设工程，推进宋韵文化传世工程，建成国家版本馆杭州分馆、之江文化中心等一批新时代文化地标。打造共同富裕文化情境。在机场、码头、车站、景区景点、商业综合体等公共场所营造具有江南文化底蕴的氛围，在城市地标建筑、重点公

共设施等标志性空间展示浙江文化内涵，构筑充满活力、开放包容的文化共享空间。实施"一村一品"乡村文化品牌建设，把共同富裕文化融入乡村设计改造，发展沉浸式共同富裕乡村文化体验。

构建文化创新体系。推出具有鲜明辨识度的重大主题文艺精品，加强重大选题策划，以文艺形式推进共同富裕的生动表达。提升之江编剧村、中国网络作家村等重大文艺创作平台效能，打通文艺精品生产传播堵点难点。健全文艺精品创作生态链。充分发挥"之江潮"杯等重大奖项文化引领作用，激发创作活力，打造"精品创作在线"应用，实现精品创作全要素综合集成。实施文化产业数字化战略，推进文化领域技术应用创新文化，培育元宇宙、隐私计算、卫星互联网、大数据、区块链等新应用新业态。推动文化产业与教育、信息和农业等产业融合发展，提升其含金量和附加值、延伸其产业链条。壮大文化创新平台。推进之江文化产业带项目建设，做大做强浙江国家音乐产业基地萧山园区、国家（杭州）短视频基地、中国（之江）视听创新创业基地，深化影视业综合改革，打造具有国际影响力的影视文化创新中心。到2027年，数字文化场馆建成率达到90%。

构建全域精神文明创新体系。构建"浙江有礼"省域文明品牌架构体系，建立浙江"有礼指数"测评体系，持续深化"礼让斑马线"等文明好习惯养成实践，广泛开展"迎亚运、讲文明、树新风"活动，深入开展"迎亚运文明创建"大行动。升级"志愿浙江"应用，深化"众帮和美"志愿服务机制改革，完善随手做志愿广泛参与机制、协同共享机制、全周期激励保障机制、重大应急救助社会参与机制及志愿服务理论和制度创新体系。深入推进全民阅读。继续高质量举办浙江书展，打造浙江书展品牌，广泛开展读书沙龙、阅读季等活动，营造浓厚的书香浙江氛围。实施文化赋能26县共同富裕专项行动。推进思想引领赋能、红色文化赋能、文化人才赋能，实施文化特派员制度，开展"耕山播海"共同富裕宣传培训，引导26县干部群众提振信心、激发斗志。推进文明素养赋能、文化服务赋能、宣

表2-1 浙江省某市精神生活共同富裕指标体系

一级指标	二级指标	三级指标	计量单位	测评内容	测评方法	资料来源部门
坚定理想信念	学习新时代中国特色社会主义思想	每万人拥有新时代中国特色社会主义思想教育基地数量	个	指常住人口每万人拥有各级党性教育基地、党员教育培训示范基地、党建党史教育示范基地的数量	网上申报	市委宣传部、市委组织部
		各级基地年均举办新时代中国特色社会主义思想主题活动次数	次	指各级党性教育示范基地、党员教育培训基地、党建党史教育示范基地举办新时代中国特色社会主义思想活动之和与基地总数之比	实地考察、问卷调查	市委宣传部、市委组织部
		人均参与新时代中国特色社会主义思想学习活动次数	次	指各级党性教育示范基地、党员教育培训基地、党建党史教育示范基地举办新时代中国特色社会主义思想活动之和与常住人口之比	实地考察、问卷调查	市委宣传部、市委组织部
	普及社会主义核心价值观	人均拥有新时代中国特色社会主义思想公益广告条次	条次	指市级及以下媒体（包括电视类、互联网类、户外类等）刊播习近平新时代中国特色社会主义思想公益广告条次与常住人口之比	网上申报	市委宣传部、市委组织部、市文化广电旅游局
		每万人拥有爱国主义教育基地、国防教育基地数量	个	指常住人口每万人拥有各级爱国主义教育基地、国防教育基地的数量	网上申报	市文明办、市委宣传部、市文化广电旅游局
		各类基地年均开展社会主义核心价值观教育实践活动次数	次	指各级爱国主义教育基地、国防教育基地开展与社会主义核心价值观教育实践活动次数之和与基地总数之比	实地考察、问卷调查	市文明办、市委宣传部、市文化广电旅游局

续表

一级指标	二级指标	三级指标	计量单位	测评内容	测评方法	资料来源部门
坚定理想信念	普及社会主义核心价值观	人均参与社会主义核心价值观教育实践活动次数	次	指各级爱国主义教育基地、国防教育基地开展与社会主义核心价值观实践活动次数之和与常住人口之比	实地考察、问卷调查	市文明办、市委宣传部、市文化广电旅游局
		人均拥有社会主义核心价值观公益广告条次	条次	指市级及以下媒体（包括电视类、广播类、报刊类、互联网类、户外类等）刊播社会主义核心价值观公益广告总条次与常住人口之比	网上申报	市文明办、市委宣传部、市文化广电旅游局
		城市文明程度指数	—	按照城市文明程度指数综合测评体系的标准所得出的总和分值，以此来评定11个市的城市文明水平	问卷调查	市文明办
提高道德标准	社会文明氛围	文明村（社区）创建率	%	指获得中央及省（市）文明委授予的"文明村（社区）"称号的行政村（社区），占全市行政村（社区）的比例	网上申报	市文明办
		每万人拥有文明家庭数量	个	指常住人口每万人拥有省级及以上"文明家庭"的数量	网上申报	市文明办
		中国好网民工程创建指数	%	指在"争做中国好网民"活动中入选的网民、网络社会组织及商业网站获表彰数量	网上申报	市文明办
		区域企业信用失信率	‰	指市域内省级行政主管部门或信用信息管理机构向浙江省企业信用信息系统提供的最近3年有失信行为记录的企业占该区域注册企业、法人单位总数的千分率	网上申报	市信办、市信用中心

续表

一级指标	二级指标	三级指标	计量单位	测评内容	测评方法	资料来源部门
提高道德标准	公众道德水平	每万人拥有道德类模范数	位	指每万人拥有国家级、省级道德模范、见义勇为、诚信之星等身边好人数量	网上申报	市文明办、市公安局、市总工会
		每万人拥有注册志愿者数	位	指每万人拥有年满十八周岁或十六至十八周岁以自己劳动收入为主要生活来源者（须经其法定代理人同意），在共青团组织、志愿者组织注册登记、参加服务活动的志愿者人数	网上申报	市委宣传部、市民政局
		人均慈善捐款额	元	指民政慈善捐款额、慈善总会捐款数额和红十字会捐款数额之和与常住人口之比	网上申报	市委宣传部、市民政局
		千人献血量	毫升	即本区域人口千人献血量，指该区域每千人年献血总量	网上申报	市委宣传部、市卫生健康委
丰富文化生活	优秀文化传承	每万人拥有文化遗产数	个	指每万人拥有世界文化遗产数（包括世界文化遗产）、世界自然遗产数和人类非物质文化遗产及以上非物质文化遗产数	网上申报	市文化广电旅游局、市文物局
		每万人拥有重点文物保护单位数	个	指每万人拥有省级及以上重点文物保护单位的数量，文物保护单位是指具有历史、艺术、科学价值的古文化遗址、古墓葬、古建筑、石窟寺和石刻	网上申报	市文化广电旅游局、市文物局
		居民文化遗产地和重点文物保护单位到访率	%	指世界文化遗产、世界自然遗产文物保护单位接待总人次与常住人口之比	实地考察、问卷调查	市文化广电旅游局、市文物局
		人均参与非遗展览、展示和展演活动次数	次	指参与非物质文化遗产保护展示机构举办演出、展示和展演活动总人次与常住人口之比	实地考察、问卷调查	市文化广电旅游局、市文物局

续表

一级指标	二级指标	三级指标	计量单位	测评内容	测评方法	资料来源部门
丰富文化生活	公共文化服务	人均文化和旅游事业费支出	元	指财政支出中文化（文物）、广电、出版、传媒、旅游等事业经费支出与常住人口之比	网上申报	市文化广电旅游局
		人均体育事业经费	元	指财政支出中体育事业经费支出与常住人口之比	网上申报	市体育局
		每万人拥有公共文化设施建筑面积	平方米	指每万人拥有艺术表演团体、公共图书馆（站）、文化馆、博物馆、美术馆、纪念馆、非遗馆、档案馆、工人文化宫、青少年宫等公共文化设施建筑面积	网上申报	市委宣传部、市文化广电旅游局
		人均接受文化馆服务次数	次	指艺术表演场所、文化馆、美术馆、纪念馆、非遗馆、档案馆、广播电台、电视台、工人文化宫、青少年宫等公共文化场所接待总人次与常住人口之比	网上申报	市委宣传部、市文化广电旅游局
		公众对公共文化服务满意程度	%	指通过问卷调查收集社会公众对当前公共文化服务供给的主观评价	问卷调查	市委宣传部、市文化广电旅游局
	文化产品供给	文化、体育和娱乐业固定资产投资增速高于同期GDP增速幅度	%	指全社会文化、体育和娱乐业固定资产投资增速减去同期GDP增速的变动度	网上申报	市统计局
		人均观看电影、艺术表演、文博展览次数	次	指观看电影、艺术表演、文博展览、体育赛事次数与常住人口之比	网上申报	市委宣传部、市文化广电旅游局
		人均外出旅游次数	次	指旅客总发送量与常住人口之比	网上申报	市文化广电旅游局

续表

一级指标	二级指标	三级指标	计量单位	测评内容	测评方法	资料来源部门
丰富文化生活	文化产品供给	经常参加体育锻炼人数比例	次	指经常乡居民参加体育锻炼人次与常住人口之比	网上申报	市体育局
		全体居民人均娱乐、文化支出占消费支出的比例	%	指其中城乡居民人均娱乐、文化支出包括文化娱乐用品、文化娱乐服务支出；农村居民人均娱乐、文化支出包括文化娱乐用品、文教娱乐服务	网上申报	市委宣传部、市文化广电旅游局
		公众对文化生活的满意度	%	指通过问卷调查收集社会公众对当前社会文化生活的主观评价	问卷调查	市委宣传部、市文化广电旅游局
提高综合素质	教育发展	全社会教育投入增长率	%	指各级各类学校及教育行政事业单位（不含非学历教育机构）投入增加数与上一年投入总量的百分比，主要反映全社会教育投入年度增长情况	网上申报	市教育局
		学前教育资源配置率	所/万人	根据省基本公共服务体系标准，按常住人口每万人建设一所幼儿园配置，主要反映县（市、区）学前教育资源配置情况	网上申报	市教育局
		义务教育优质均衡比例	%	指通过国家认定的义务教育优质均衡标准的县（市、区）比例以及未达到国家标准的县（市、区）向优质均衡推进的情况	网上申报	市教育局
		劳动年龄人口平均受教育年限	年	指劳动年龄人口接受学历教育（包括成人学历教育，不包括各种学历培训）的平均年数	网上申报	市教育局
	科学素质	人均科普经费	元	指财政支出中科普经费与常住人口之比	网上申报	市科协、市科技局
		每万人拥有市级以上科普基地数量	个	指每万人拥有市级以上各类科普基地数量	网上申报	市科协、市科技局

续表

一级指标	二级指标	三级指标	计量单位	测评内容	测评方法	资料来源部门
提高综合素养	科学素质	具备科学素质公民比例	%	衡量青少年、农民、产业工人、老年人、领导干部和公务员等重点人群科学素质水平	网上申报	市科协、市科技局
	人文底蕴	每百万人拥有文化领域优秀人才数	位	指每百万人拥有获省级文化领域"五个一批"人才、文化名家、青年英才、省级及以上非遗项目传承人、省级及以上工艺美术大师、戏剧梅花奖、浙江戏剧奖的优秀人才	网上申报	市委宣传部、市文化广电旅游局、市经信委
		每百万人拥有优秀文化作品数	部	指每百万人拥有获国家级三等奖以上、省级一等奖以上的文化作品数量。国家级："五个一工程"奖、文化艺术文华奖和群星奖、电影"华表"奖、电影金鸡奖、大众电影百花奖、电视金鹰奖、摄影金像奖、音乐金钟奖、舞蹈荷花奖、鲁迅文学奖、民间文艺山花奖、全国儿童文学奖、电影彩虹奖、摄影金像奖、舞蹈荷花奖、茅盾文学奖、省戏剧节、省优秀作品奖；省级："五个一工程"奖、电影凤凰奖、电视牡丹奖、曲艺杂技节大奖、浙江书法奖、浙江舞蹈奖、民间文艺映山红奖、浙江文艺奖、郁达夫小说奖	网上申报	市委宣传部、市文化广电旅游局
		每百名中小学生拥有专职美育教师数	位	指每百名中小学生拥有专职美育教师数量	网上申报	市教育局
		每万人拥有文化艺术类培训机构数量	家	指每万人拥有文化艺术类培训机构数量	网上申报	市文化广电旅游局

资料来源：浙江省委宣传部。

传推广赋能,推动全国县级文明城市与26县结对共建,深化"双万结对共建文明"活动,推进省级文明单位与26县非文明村结对,实施26县公共文化服务提质扩面工程。推进文旅融合赋能、互联网+文化赋能,发挥26县历史文化、红色文化、农耕文化、绿色生态等资源优势,推动文、旅、数、农等深度融合。

构建精神生活共同富裕评价指标体系。为了更好地指导、推动和评价推进精神生活共同富裕的具体工作,浙江省积极探索构建精神生活共同富裕的指标体系。以浙江省某市为例,精神生活共同富裕的指标体系包括坚定理想信念、提高道德标准、丰富文化生活和提高综合素养4个一级指标。其中坚定理想信念下面包括学习习近平新时代中国特色社会主义思想和培育社会主义核心价值观两个二级指标,提高道德标准下面包括社会文明氛围和公民道德水平两个二级指标,丰富文化生活下面包括优秀文化传承、公共文化服务和文化产品供给三个二级指标,提高综合素养包括教育发展、科学素质、人文底蕴三个二级指标。各二级指标下面共有43个三级指标。该市每年都将按照这个指标体系进行对标,动态跟踪和评估精神生活共同富裕的建设成效。

第二节 浙江推进精神生活共同富裕的主要成效

十多年来,浙江省委、省政府坚定不移沿着习近平总书记指引的路子不断前行,精神文明建设取得历史性成就,人民文化获得感幸福感认同感大为提升,文化精神力量持续增强,在推进精神生活共同富裕方面取得了显著成效,集中表现为"八个重要突破"。

一 学懂弄通做实习近平新时代中国特色社会主义思想取得重要突破

浙江省深入贯彻习近平总书记提出的"两个巩固"根本任务,

把学习宣传实践习近平新时代中国特色社会主义思想作为首要政治任务,深入实施铸魂溯源走心工程,聚焦守好"红色根脉",集中开展党史学习教育,"习近平新时代中国特色社会主义思想在浙江的萌发与实践""习近平科学的思维方法在浙江的探索与实践"系列研究产生重要影响,浙江省习近平新时代中国特色社会主义思想研究中心成立运行,"我在之江学新语""跟着总书记学思维"活动入心走心,全省广大干部群众"两个确立"思想根基更加坚实、"两个维护"政治自觉更加坚定。

具体来看,浙江省委、省政府认真落实《浙江省党委(党组)重大决策前专题学习制度》和《浙江省党委(党组)理论学习中心组学习巡听旁听制度》,建立中心组学习闭环管理机制、引领示范机制、学讲研一体贯通机制、课前调研机制、典型推介机制、分类学习机制六大机制,学习次数位居全国前列。加强习近平新时代中国特色社会主义思想研究阐释,深入开展"习近平新时代中国特色社会主义思想在浙江的探索与实践"研究,在《浙江日报》刊发"习近平科学的思维方法在浙江的探索与实践"重大课题研究成果,加强浙江省习近平新时代中国特色社会主义思想研究中心建设,启动"习近平关于共同富裕的重要论述在浙江的探索与实践"重大课题研究,形成系列共同富裕研究和数字化改革研究理论成果。深化习近平新时代中国特色社会主义思想宣传普及。顶层谋划新时代理论宣讲工作,印发全国首个《关于加强新时代理论宣讲工作的实施意见》,召开新时代青年理论宣讲研讨会,成立浙江省新时代青年理论宣讲志愿者联盟,创新全省青年理论宣讲暨微型党课大赛形式,持续放大"8090"新时代理论宣传团的品牌效应。率先启动党的十九届六中全会精神集中宣讲工作,积极拓展理论宣传平台载体。出版《习近平新时代中国特色社会主义思想在浙江的萌发与实践》《习近平科学的思维方法在浙江的探索与实践》重大课题成果,成为全国唯一经中办批准出版的关于习近平新时代中国特色社会主义思想研究成果的省份。2021年，浙江省立项国家社科基金各类项目439项，数量稳居全国第三。体系化推广"8090"和"00"后新时代理论宣讲，入选2021年度全国基层理论宣讲先进数量位列全国第二。指导制作《中国共产党为什么能》第十四季"人民就是江山"，节目收视率均进入全国省级卫视前三位，在"中国蓝新闻"客户端上的阅读量达到300万人次以上，相关新媒体稿件阅读量突破600万人次。

浙江省还积极把握党史学习教育的时度效，在全省掀起了"跟着总书记学思维""重温习近平同志在浙江"学习活动热潮，认真学习宣传党的十九届六中全会精神和党的二十大精神，"六讲六做"大宣讲活动产生重要影响，组织22000多位宣讲员开展宣讲。全省党委（党组）理论学习中心组专题学习和中心组成员交流发言实现全覆盖。"我为群众办实事、我为企业解难题、我为基层减负担"专题实践活动，在省域辨识度和影响力方面走在全国前列。中央党史学习教育领导小组办公室刊发的简报，浙江的录用数量位居全国第一。向中央资料组报送3000余件"红色文物故事"，被中央党史学习教育领导小组办公室资料组采用，数量位列全国第一。

二 主流舆论牢牢占据主导、扩大影响力取得重要突破

党的十八大以来，浙江省委、省政府深刻把握习近平总书记提出的"坚持巩固壮大主流思想舆论，弘扬主旋律，传播正能量，激发全社会团结奋进的强大力量"重要指示，以深化媒体融合改革为抓手，大力加强传播能力和传播体系建设，对内聚民心、对外展形象，奏响浙江大地变革实践的昂扬旋律。习近平新时代中国特色社会主义思想在浙江生动实践国际传播影响广泛，"中国治理的世界意义""中国共产党的故事"宣介会、中国共产党与世界政党领导人峰会等国际性论坛会议成功举办，《之江新语》《潮起浙江》《红船精神》等图书多语种全球出版推广，深层次、多渠道对外讲好中国故事、浙江故事。

浙江省加强和改进主题宣传、成就宣传、形势宣传、典型宣传，凝聚起打造"重要窗口"、推进现代化先行省、共同富裕示范区建设的强大正能量。做大做强正面宣传，加强优质节目内容的创作生产，3 件作品获第 31 届中国新闻奖一等奖，9 位新闻工作者获第 14 届浙江飘萍奖。开设"共同富裕示范区"宣传专栏专题，相关话题总阅读量超 6 亿人次。推进主流移动传播矩阵建设，优化"之江号"政务发布矩阵，做强浙江发布网络平台，影响力稳居全国省级发布前列，其中"中国·浙江"中英文脸书专页粉丝数达 320 多万名，"印象浙江"成为唯一入选 OneSight 榜单前十的省级出海媒体。

三 用社会主义核心价值观引领社会风尚取得重要突破

党的十八大以来，浙江省委、省政府坚定不移贯彻习近平总书记提出的物质文明与精神文明协调发展重要思想，坚持自治、法治、德治、智治"四治融合"，公民思想道德素质、科学文化素质和社会文明素养不断提高。大力弘扬中国共产党人的精神谱系和浙江精神，广泛宣传时代楷模、道德模范和身边好人，凝聚起奋进新时代的强大精神力量。2016—2021 年，共入选时代楷模 2 例、全国道德模范 9 例、中国好人 243 例，评选省道德模范 87 例、"最美人物" 3956 例、浙江好人 1490 例，"志愿浙江"注册志愿者达 1782 万人，日活跃用户超过 9 万人次，成为首个全国文明城市设区市"满堂红"的省份。

浙江省的精神文明建设全国领先。相关统计数据显示，浙江省 4 人获评第八届全国道德模范，入选人数居全国各省（区、市）首位。新时代文明实践中心、实践所、站实现全覆盖。率先推进全域文明创建，宁波市、湖州市入选首批全国文明典范城市试点城市，20 个县（市）入围 2021—2023 年创建周期全国县级文明城市提名城市，居全国前列。桐庐县、慈溪市、长兴县、安吉县、海宁市 5 个县（市）列入全国"复兴少年宫"建设首批试点县，居全国前列。持续深化文明好习惯养成行动，"礼让斑马线""聚餐用公筷""用餐不浪费"等逐渐成为具有全国影响力、浙江辨识度的文明品牌。

浙江省的文明素质工程成果显著。一是加强公民道德建设。以省委名义制定出台关于加强家庭家教家风建设指导性文件，承办全国加强家庭家教家风建设工作推进会，浙江省在会上作交流发言。常态化选树"最美家庭"，开展"我有传家宝""家书抵万金""一封家书"等系列活动，擦亮"浙江好家风"品牌，推动家庭家教家风建设。创新浙江好人月度评审机制，开展"浙江好人德润之江"融媒宣传，构建浙江好人培育、选树、关爱一体化格局。加强和改进青少年思想政治工作，健全德智体美劳全面发展的育人体系。二是推进新时代文明实践。全域深化新时代文明实践中心建设试点工作，构建三级文明实践阵地体系，加快推动文明实践由农村向城市社区延伸，推进"15分钟文明实践服务圈"建设。聘任首批"浙江有礼·文明使者"，制作推送"浙江有礼·文明课堂"专题节目。实施文明好习惯养成工程，开展"礼让斑马线""用餐不浪费""聚餐用公筷"推广行动。深化志愿服务精准触达机制改革，以"志愿浙江"应用建设为总抓手，着力构建全域覆盖、全民参与、全景触达、全程管理的志愿服务体系。

四 城乡公共文化服务优质均衡发展取得重要突破

浙江省委、省政府牢记习近平总书记嘱托，不断加大公共文化服务体系投入力度，浙江音乐学院、浙江自然博物院、小百花艺术中心等重大设施全面建成，建成国家版本馆杭州分馆、之江文化中心等新时代文化地标，公共图书馆、文化馆、博物馆、美术馆等文化场馆整体达标，基层群众的精神文化生活日益丰富。

截至2021年年底，"县有四馆、区有三馆、乡镇（街道）有综合文化站"目标全部实现，文化馆一级馆率位居全国第三；农村文化礼堂500人以上行政村覆盖率超过97%；拥有世界文化遗产3处，世界文化遗产预备名单项目5处，全国重点文物保护单位281处，数量位居全国第四；拥有10个人类非遗项目，居全国领先位置；"中国传统制茶技艺及其相关习俗"成为我国新一轮申报联合国"人类非遗代表作名录"项目，浙江是牵头省份。24个项目入选国家级非遗代表性项目名录，实现"五连冠"。

表2-2　　2021年浙江省公共文化事业领先全国情况

主要指标	数值	全国排位
文化馆一级馆率（%）	93.9	全国第三
农村文化礼堂500人以上行政村覆盖率（%）	>97	全国领先
全国重点文物保护单位（处）	281	全国第四
人类非遗项目（个）	10	全国领先
国家级非遗代表性项目名录（个）	24	全国五连冠

数据来源：浙江省委宣传部。

文化阵地建设深入推进。一是加强重大文化设施建设，实施百亿文化设施建设工程，建成国家版本馆杭州分馆、之江文化中心等新时代文化地标。二是完善基层文化设施网络，实施百城万村文化惠民工程，全面推行"市有五馆一院一厅、县有四馆一院、区有三馆、乡镇（街道）有综合文化站、社区有文化家园、村有文化礼堂"。着力提升公共文化场馆综合利用水平，推进广播电视基本公共服务标准化均等化建设，实施有线广播电视高清化改造、"智慧广电+公共服务"试点建设、应急广播体系建设等工程。三是健全公共文化服务体制机制。建立公共文化服务协调机制，成立公共文化服务体系建设协调组，推动跨部门、跨行业、跨区域公共文化服务资源共建共享、网络互联互通；推动文化服务、体育服务等公共服务事项纳入政府购买服务目录，规范政府购买公共文化服务；推动农村公益电影提质增资，推进县级图书馆文化馆总分馆建设，让优质公共文化资源向基层延伸。

五 新时代文化精品创作生产取得重要突破

浙江省委、省政府积极实施新时代文艺精品创优工程，设立"之江潮"杯文化大奖，新时代文艺创作呈现良好态势，主要艺术门类创作生产居全国第一方阵。2017—2021年，共有800多件浙产文艺精品入选全国大展或获评重大文艺奖项。其中电视剧《外交风云》等7部文艺和出版作品获全国精神文明建设"五个一工程"奖，歌剧《红船》等11个作品入选全国"百年百部"重点作品，建成了中国网络作家村等重大平台，成为新型文艺发展新高地。

浙产电影创作产量连续多年位居全国前列，电影《红船》成为献礼建党百年主旋律大片，《武汉日夜》是全国首部抗疫题材电影，浙产电视剧30部，产量全国排名第二，5部电视剧登陆中央电视台一套黄金时段。8部电视动画片获国家广电总局推优，推优数量居全国第一位。规划备案网络影视剧1406部，通过上线备案209部，分别位居全国第一和第二位。歌剧《红船》、越剧《核桃花之恋》入选中央庆祝建党百年展演剧目并进京演出。浙江婺剧院青年演员楼胜摘得第30届"梅花奖"魁首。浙江音乐学院刘涛获得第12届中国音乐金钟奖美声第一名。7部作品完成文化和旅游部"百年百部"精品创作工程验收，数量位居全国第二。《本色》入选中宣部第九批中国梦主题优秀歌曲。33幅美术作品入选中央党史馆陈列展出，数量居全国首位。41个项目获国家艺术基金资助，蝉联全国第二。

此外，浙江省还高度重视文艺精品创作，深入实施新时代文艺精品创优工程，健全重大现实、重大革命、重大历史题材规划组织机制，提升文艺创作组织化程度，提高文艺作品质量，推出电影《红船》《武汉日夜》、电视剧《和平之舟》《香山叶正红》《问天》、歌剧《红船》、交响乐《大潮之上》、婺剧《信仰的味道》、越剧《核桃树之恋》、京剧《战士》等一批主题文艺精品。加强重大文艺创作平台建设，创新设计编剧村"1+X"发展模式，指导第一个分中心莫干山编剧村建成开村，举办首届西湖编剧论坛、推动中国网络作家村建设、办好中国国际网络文学周等活动,广泛汇聚优秀创作人才,扎根浙江开展原创性、基础性文艺创作。完善文艺精品创作服务保障,创新架构选题规划、创作实施、精准扶持、动态管理、推广传播、成果评价等文艺创作模块体系,建立全周期文艺精品服务机制,开展全省文娱领域综合治理,完善省文化艺术发展基金管理制度及运行程序,更好发挥基金对文艺创作导向作用,成功举办"之江艺术季"。

六 优秀传统文化标识打造取得重要突破

浙江省委、省政府认真落实习近平总书记关于推动中华优秀传统文化创造性转化、创新性发展的重要指示,以深入实施重大工程项目为抓手,持续推进传统文化传承、保护、利用和发展。良渚古城遗址成功申遗,大运河国家文化公园建设稳步实施,西湖世界文化遗产保护不断加强,"中国传统制茶技艺及相关习俗"列入人类非物质文化遗产代表作名录。宋韵文化传世工程谋划启动,四条诗路文化带串珠成链,1个项目入选全国十大考古新发现,4个项目入选"百年百大考古发现",入选全国非物质文化遗产项目数量连续多年名列首位。浙江省还积极加强文化保护研究体系建设。一是推进宋韵文化传世工程,推动南宋皇城遗址公园、德寿宫遗址保护展示项目、绍兴宋六陵考古遗址公园等重大工程建设,举办首届宋韵文化节,开展宋韵悦读节等活动,吸引200万人次参与。二是加强重大文化遗产保护,实施非物质文化遗产保护传承计划,完成"中国传统制茶技艺及其相关习俗"申报人类非遗相关工作,有序推进第六批、第七批国家级非遗代表性传承人记录工作,启动第五批国家级非遗项目丛书编纂。三是筑牢文物安全底线,压紧压实文物安全主体责任,建立文物安全联防联控机制,部署开展全省文物安全大排查大整治大提升攻坚行动,全力抓好文物安全监管工作。目前,全省共有全国重点文物保护单位281处、省级文物保护单位869处、中国历史文化名镇 27 处、中国历史文化名村 44 处、中国历史文化街区 4 处、省级历史文化名镇 68 处、省级历史文化名村 175 处、省级历史文化街区 77 处。

表 2-3　　2021 年浙江省历史文化单位保护情况

主要指标	数值（处）
全国重点文物保护单位	281
省级文物保护单位	869
中国历史文化名镇	27
中国历史文化名村	44
中国历史文化街区	4
省级历史文化名镇	68
省级历史文化名村	175
省级历史文化街区	77

数据来源：浙江省委宣传部。

七　文化产业高质量发展取得重要突破

浙江省委、省政府对标习近平总书记关于经济、政治、文化融合发展的思路，推进文化经济化和经济文化化，推动文化体制改革不断深化，文化及相关产业增加值由 2016 年的 2745 亿元增至 2021 年的 4944 亿元，占 GDP 比重从 5.8% 提高到 6.9%，文化产业增加值和文化产业综合指数均居全国第 2 位，视听产业、数字出版、短视频、数字音乐等四大国家级基地落户浙江，高水平建设横店影视文化产业集聚区，全省有规模以上文化企业 5355 家、上市文化企业 42 家，4 家企业入选全国文化企业 30 强，2 家企业获评"全国文化企业 30 强提名"，数量居全国各省（区、市）第一，3 家企业入选国家文化和科技融合示范基地。横店是全球规模最大的影视拍摄基地。

浙江省积极打造文化领军企业，坚持大企业引领大产业，推动文化企业激发改革创新动力,遴选认定60家省重点文化企业、数字文化企业,发挥引领示范作用。实施百家文化名企创优工程,引导优质文化企业做大做强,其中浙版传媒、果麦文化成功上市,全省文化产业上市企业达42家。开展省属国有文化企业专项治理工作,梳理排查国有资产重大损失等七方面的风险与问题。着力提升文化产业平台能级。坚持大平台支撑大产业,持续提升之江文化产业带集聚功能,挂牌成立中国(之江)视听创新创业基地、浙江省音乐产业发展联盟,推进国家(杭州)短视频基地开工建设,设立中国(浙江)广播电视媒体融合发展创新中心,以横店为龙头创建国际影视文化创新中心。发起组建长三角数字文化产业基金,上线运行"浙文创"数智平台。实施文化出海工程,浙江数字文化国际合作区入选第二批国家文化出口基地。稳步推进文旅融合发展。稳步推进四条诗路文化带建设,举办浙东唐诗之路诗画大赛,指导建成柯桥、富阳、宁海等10家数字诗路文化体验馆,制定世界级景区创建导则。深化"诗画浙江·百县千碗"工程,实施全省旅游业"微改造、精提升"五年行动计划。组团参加首届中国(武汉)文化旅游博览会、第17届深圳文博会,指导承办中国(杭州)国际动漫节、中国(义乌)文化和旅游产品交易会等。

八 文化人才培养取得重大突破

浙江省还在文化人才培养上下功夫。一是实施重大人才工程项目。开展宣传文化系统国家级高层次人才推荐评审,牵头组织省高层次人才特殊支持计划、人文社科领军人才等评选培养工作。实施省宣传文化系统"五个一批"人才工程及培育项目,大力推进"六新"("新松"舞台艺术、"新光"影视、"新峰"造型艺术、"新荷"作家、"新鼎"文博、"新雨"网络文学)青年文艺人才培养。二是提升人才工作服务水平。深化"文化人才会客厅"机制。用好"浙里人才管家"数字化平台,统筹推出旅游、图书、文博场馆、艺术演出等文化服务，让人才凭码享受相应优惠，营造人才发展良好生态。三是强化人才工作机制建设。举办宣传思想文化人才工作研讨班，开展人才队伍建设专题调研，健全文化人才培养引育体系。推进人才评价制度化、科学化。建立健全"中国网络作家村""之江编剧村"等平台机制，有序推进"浙江文化人才之家"建设，提升人才定点联络和服务阵地建设水平。

第三节 浙江推进精神生活共同富裕的横向比较与基本经验

从全国横向比较看，浙江推进精神生活共同富裕取得了十分丰富的经验，在全国推进精神生活共同富裕方面具有重要的示范意义，但从全球横向比较看，推进精神生活共同富裕还有一些需要深入改革的重要方面。

一 浙江推进精神生活共同富裕的横向比较

纵向历史对比看发展，横向对比找差距。从纵向线索来看，浙江省推进精神生活共同富裕的实践取得了标志性成果，在多个方面实现了重大突破，稳居全国第一方阵，但从横向线索特别是从发达国家来看，按照走在前列、标杆示范的要求，对标先进兄弟省份和世界发达国家，一些指标还存在明显差距和短板，一些方面还有待进一步加强。

（一）展示浙江形象的重大传播平台相对较少

理论发声平台方面，缺少具有全国性分量、国际化影响的高端论坛、新型智库、核心期刊，与重要萌发地、"重要窗口"、现代化先行省、共同富裕示范区相适应的理论体系、话语体系、传播体系仍未形成。全媒传播平台方面，缺少像抖音、哔哩哔哩那样的头部商业平台，像澎湃那样影响力大的新媒体平台，像牛弹琴、侠客岛、补壹刀那样公众欢迎的公众号账号，天目新闻、浙江新闻、中国蓝新闻等现有新媒体还没有走进全国化传播平台的中心。对外展示平台方面，推进重大传播平台国际化布局相对滞后，国际传播能力有待进一步加强。

表 2-4　　　　　　　　理论发声平台有关数据对比

省份	国家高端智库数量	国际高端论坛数量
浙江	1	1
北京	4	6
上海	2	3
广东	2	2

数据来源：浙江省委宣传部。

（二）浙产重大文化精品有"高原"但"高峰"较少

这些年虽然有较大突破，但总体上与浙江在全国的地位不相匹配。理论精品方面，有分量的研究成果和有话语权的学者不多，原创性、标志性理论成果不多。文艺精品方面，反映新时代、新浙江、新气象的重大原创性文艺作品较少。比如，过去 5 年全国精神文明建设"五个一工程"奖评选中，浙江省获奖作品数量居北京、上海、广东之后，浙江省获得舞台艺术国家级大奖只有 12 项，排在全国第 5 位，仅为北京的 1/3。文化标识方面，代表浙江形象的文化品牌还没有立起来，文物安全保护体系不健全，千年宋韵文化系统性挖掘展示不够，良渚古城遗址缺乏规模化聚合传承，浙学品牌体系化、集成化研究转化亟待加强。

（三）文化高质量发展有待提升

虽然浙江省文化事业和文化产业发展绝大多数指标全国领先，但供给侧结构性问题仍然存在。哲学社会科学方面，人文社科领域"双一流"学科建设严重滞后，入选新一轮全国"双一流"建设学科的人文社科专业数量只有 3 个，其中 2 个为管理学，纯哲学社科类专业数量排在全国中下水平。国家哲学社会科学领军人才总量较少、全国排名靠后。文化产业方面，产业核心竞争力和对经济增长的贡献率仍有较大提升空间，文化创意产业占比较低，大企业大集团较少，没有像北京字节跳动、保利文化集团、上海小红书、广东腾讯等"航母"级数字文化企业，文化产业动力变革、效率变革、质量变革乏力。比如，规模以上文化及相关产业企业我省只有5300多家，而同期江苏超过8100家，广东高达9900多家。文化制造业、文化服务业等核心文化产业总量、规模、效益与江苏、上海相比还有较大差距。融合发展方面，文化与经济、科技、教育、旅游、建筑等领域融合程度不深，跟世界主要经济体相比，浙江省文化及相关产业GDP占比还有拓展潜能，以文化力量推动社会全面进步格局有待构建。文化生活方面，高品质文化产品供给不够，如年人均观看电影次数，国际比较看，疫情之前韩国达到4.6次、美国4.2次、印度1.64次、日本1.56次；国内比较看，一线城市4.2次、二线城市2.4次、三线城市1.2次，而同期浙江省只有2.3次。政策支撑方面，文化政策系统性还不够，疫情之前的3年，浙江省人均文化事业费支出排在全国第5到第7位之间，有的地方和单位存在以经济建设手段衡量文化建设的片面认识，对文化普遍性与特殊性相统一认识不够，政策科学性还需提升。

表2-5　　　　　　　　2020年部分省核心文化产业比较

省份	规模以上文化制造业企业		规模以上文化服务业企业	
	有R&D活动的企业（个）	R&D经费内部支出（万元）	企业单位数（个）	年末从业人员（人）
广东	1475	1226523	4253	451445
江苏	1231	813949	3978	492151
浙江	1127	461932	1982	214562

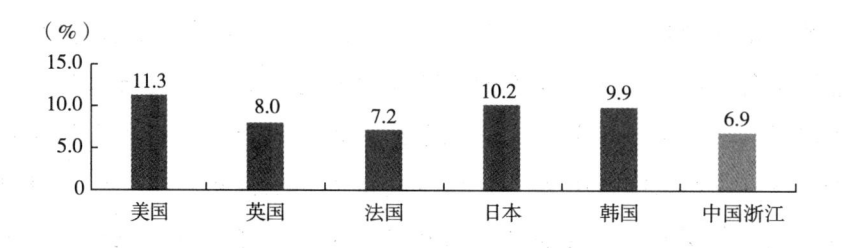

```
(%)
15.0
        11.3
10.0              8.0          7.2         10.2        9.9
                                                                   6.9
 5.0

  0
        美国    英国    法国    日本    韩国   中国浙江
```

图 2-1　与部分发达国家文化产业增加值占 GDP 比重比较

（四）文化政策保障力度仍需加大

在财政投入方面，保障力度和经费使用效能有待改进。有的政策性投入已落后周边省市甚至中西部地区。如新冠疫情之前的三年，浙江人均文化事业费支出排在全国第 5 到第 7 位。在政策激励方面，对文化普遍性和特殊性相统一认识不够，一些文化政策看得见但够不着、落不了地，没有充分考虑文化的社会效益属性。

二　浙江推进精神生活共同富裕的基本经验

十年来，浙江省委、省政府坚持用新思想指导共同富裕建设，不仅扎实推进物质生活共同富裕，而且重视精神生活共同富裕，取得了一些全国领先、群众认可的实践成果，形成了体现先行探索、具有迭代效应的制度成果，之所以能取得这些成果，关键在于落实"五个始终坚持"。

（一）始终坚持理论研究阐释与实践凝练升华相结合，打造新思想理论溯源品牌

中国特色社会主义进入新时代以来，"习近平同志对关系新时代党和国家事业发展的一系列重大理论和实践问题进行了深邃思考和科学判断，就新时代坚持和发展什么样的中国特色社会主义、怎样坚持和发展中国特色社会主义，建设什么样的社会主义现代化强国、怎样建设社会主义现代化强国，建设什么样的长期执政的马克思主义政党、怎样建设长期执政的马克思主义政党等重大时代课

题，提出一系列原创性的治国理政新理念新思想新战略，是习近平新时代中国特色社会主义思想的主要创立者。习近平新时代中国特色社会主义思想是当代中国马克思主义、二十一世纪马克思主义，是中华文化和中国精神的时代精华，实现了马克思主义中国化新的飞跃。党确立习近平同志党中央的核心、全党的核心地位，确立习近平新时代中国特色社会主义思想的指导地位"[1]。浙江省是习近平总书记曾经主政五年的地方，习近平总书记在治理浙江过程中的理论与实践探索，是习近平新时代中国特色社会主义思想的重要源头。2003年7月，习近平在浙江省第十一届四次全体（扩大）会议上作出了"发挥八个方面的优势""推进八个方面的举措"的决策部署，简称"八八战略"。"八八战略"的提出、实施、总结过程是一条"实践—认识—实践—再认识"的循环过程，是马克思主义认识论和辩证法的鲜活体现，也是习近平新时代中国特色社会主义思想的认识论，是实践与认识的辩证统一。十年来，浙江省委、省政府在学懂、悟通、做实"八八战略"、全面贯彻习近平新时代中国特色社会主义思想的过程中，始终坚持理论研究阐释与实践凝练升华相结合，打响了党的创新理论溯源品牌，"习近平新时代中国特色社会主义思想在浙江的探索与实践"系列研究成果影响广泛，文化建设铸思想之魂、举精神之旗的重要作用更加彰显。

（二）始终坚持先进思想文化引领，巩固壮大主流思想舆论

"文化是一个国家、一个民族的灵魂。历史和现实都表明，一个抛弃了或者背叛了自己历史文化的民族，不仅不可能发展起来，而且很可能上演一幕幕历史悲剧。文化自信，是更基础、更广泛、更深厚的自信，是更基本、更深沉、更持久的力量。坚定文化自

---

[1] 习近平：《中共中央关于党的百年奋斗重大成就和历史经验的决议》，《人民日报》2021年11月17日第1版。

信,是事关国运兴衰、事关文化安全、事关民族精神独立性的大问题。"① 党的二十大报告强调指出:"全面建设社会主义现代化国家,必须坚持中国特色社会主义文化发展道路,增强文化自信,围绕举旗帜、聚民心、育新人、兴文化、展形象建设社会主义文化强国,发展面向现代化、面向世界、面向未来的,民族的科学的大众的社会主义文化,激发全民族文化创新创造活力,增强实现中华民族伟大复兴的精神力量。"② 浙江省委、省政府坚持把思想文化建设与促进全体人民共同富裕有机结合,坚持物质文明与精神文明相协调,物质的全面丰富与人的全面发展相协调,在全省深入开展内容丰富、形式多样、群体多元、贴近实际、富有特色的精神文明创建活动,全方位构筑党的创新理论"飞入寻常百姓家"的制度体制机制体系,推动精神文明创建活动规范化常态化长效化,起到了很好的效果,如充分发挥全省干部群众忠诚核心、拥戴核心、紧跟核心的政治优势,创新推出"我在之江学新语""我最喜爱的习总书记的一句话"等生动鲜活的学习教育载体,形成了"80""90"和"00"后新时代青年理论宣讲品牌,让"红色根脉"在人民群众特别是广大青少年中薪火相传,凸显了新时代思想文化工作举旗帜、聚民心、育新人、兴文化、展形象的强大功能。

（三）始终坚持满足人民文化需求与增强人民精神力量有机统一,构建精神文明建设新格局

坚持人民群众的历史主体地位、相信人民群众的实践创造伟力、代表人民群众的根本利益是中国共产党的立党之本。党的二十大把坚持人民至上提升到习近平新时代中国特色社会主义思想世界观与方法论的高度,强调"人民性是马克思主义的本质属性,党的理论

---

① 习近平:《在中国文联十大、中国作协九大开幕式上的讲话》,人民出版社2016年版,第6页。
② 习近平:《高举中国特色社会主义伟大旗帜 为全面建设社会主义现代化国家而团结奋斗——在中国共产党第二十次全国代表大会上的报告》,《人民日报》2022年10月26日第1版。

是来自人民、为了人民、造福人民的理论，人民的创造性实践是理论创新的不竭源泉。一切脱离人民的理论都是苍白无力的，一切不为人民造福的理论都是没有生命力的。我们要站稳人民立场、把握人民愿望、尊重人民创造、集中人民智慧，形成为人民所喜爱、所认同、所拥有的理论，使之成为指导人民认识世界和改造世界的强大思想武器"[1]，充分体现了中国共产党的马克思主义政党属性。浙江省委、省政府在贯彻落实历次党代会精神的过程中，始终坚持以人民为中心的创作导向，建立健全重大主题文艺精品扶持机制和全周期创作生态链，构建重大题材精品创作规划机制、文化艺术发展扶持激励机制、作家艺术家深入生活扎根人民的长效机制，催生了重大题材电视剧"浙江现象"；始终坚持满足人民文化需求与增强人民精神力量相统一，在推进精神生活共同富裕的思想文化建设中以社会主义核心价值观培育践行为抓手，宣传教育、实践养成、政策保障三位一体，以文化人、以文育人，健全先进典型选树引领制度，推出了"最美浙江人""礼让斑马线"等在全国叫得响的文明实践品牌，推广"道德信贷""道德银行"，文明有礼成为浙江人的闪亮名片，广大人民群众不仅是精神生活共同富裕的享用者，更是创造者和引领者，实现了党的发动组织与群众自觉共建的有机统一，形成了精神文明建设的新格局。

（四）始终坚持把人民群众美好生活向往作为奋斗目标，打造文化惠民利民保障体系

党的十九大指出，"中国特色社会主义进入新时代，我国社会主要矛盾已经转化为人民日益增长的美好生活需要和不平衡不充分的发展之间的矛盾"，"必须坚持人民主体地位，坚持立党为公、执政为民，践行全心全意为人民服务的根本宗旨，把党的群众路线贯彻

---

[1] 习近平：《高举中国特色社会主义伟大旗帜　为全面建设社会主义现代化国家而团结奋斗——在中国共产党第二十次全国代表大会上的报告》，《人民日报》2022年10月26日第1版。

到治国理政全部活动之中,把人民对美好生活的向往作为奋斗目标,依靠人民创造历史伟业"。① 精神生活是人民美好生活的重要领域,当前中华民族已经进入了从站起来、富起来到强起来的新阶段,和全国相比、和世界发达资本主义国家相比,浙江省人民群众在物质生活方面已经达到了较高程度,人民群众对精神生活领域的新期待更高、新需求更旺,如何推动文化惠民利民,成为新时代浙江省委、省政府面临的突出问题。十年来,浙江省委、省政府基于省情和民情变化,不断加强文化基础设施建设,不断推进公共文化服务规范化、标准化,让人民群众真正感受到各种文化建设成果是看得见、摸得着、真实可感的。

(五)始终坚持根植浙江大地深厚积淀,推动马克思主义基本原理与浙江具体实际相结合、与浙江优秀传统文化相结合

党的二十大报告指出,"只有把马克思主义基本原理同中国具体实际相结合、同中华优秀传统文化相结合,坚持运用辩证唯物主义和历史唯物主义,才能正确回答时代和实践提出的重大问题,才能始终保持马克思主义的蓬勃生机和旺盛活力"②。浙江推进精神生活共同富裕的理论和实践探索,是走中国特色社会主义文化道路、建设社会主义文化强国的生动实践,其最终指向是创新发展面向现代化、面向世界、面向未来的,民族的科学的大众的社会主义文化,满足人民群众精神生活需要,引领全国各族人民为实现中华民族伟大复兴而不懈奋斗。浙江省委、省政府坚持从自身实际出发,立足自身独特的优秀传统文化标识,推动马克思主义基本原理同浙江具体实际相结合、同浙江优秀传统文化相结合,回答社会重大现实问题和人民重大现实需求,一方面创新

---

① 习近平:《决胜全面建成小康社会 夺取新时代中国特色社会主义伟大胜利——在中国共产党第十九次全国代表大会上的报告》,《人民日报》2017年10月28日第1版。
② 习近平:《高举中国特色社会主义伟大旗帜 为全面建设社会主义现代化国家而团结奋斗——在中国共产党第二十次全国代表大会上的报告》,《人民日报》2022年10月26日第1版。

发展浙江精神、积极培育浙江礼仪、努力打造文化浙江优势，另一方面出台了浙江文化建设的一系列法律规章制度，不断完善浙江文化研究工程，不断推进文化创新已经成为引领浙江发展的重要动力。

第三章　一张蓝图绘到底：浙江建设精神生活共同富裕的文化高地

面对世界百年未有之大变局，我国的发展既面临前所未有的机遇，也面临前所未有的挑战。习近平总书记深刻指出，没有社会主义文化繁荣发展，就没有社会主义现代化，"统筹推进'五位一体'总体布局、协调推进'四个全面'战略布局，文化是重要内容；推动高质量发展，文化是重要支点；满足人民日益增长的美好生活需要，文化是重要因素；战胜前进道路上各种风险挑战，文化是重要力量源泉"①。文化关乎民族的生存，关乎民族的发展。我国进入新时代、新发展阶段，在建设社会主义现代化国家新征程中，必然要求我们主动地继承和发展好自己的优秀传统文化，利用好文化在教育领域、服务行业、社会经济发展等多方面的作用。中国共产党始终坚持马克思主义的核心指导，构建一系列"先进的"思想文化，强调把文化建设放在全局工作的突出位置，带领着全国各族人民不断探索文化的发展规律。以更加包容的胸怀和创新的实践来繁荣发展社会主义文化事业和文化产业，不断提高国家文化软实力，弘扬中华优秀传统文化，做好优秀传统文化创造性转化和创新性发展。以中华优秀传统文化为传承，构筑引领中国发展的精神丰碑，传承

---

① 习近平：《在教育文化卫生体育领域专家代表座谈会上的讲话》，《人民日报》2020年9月23日第2版。

好以中国革命、建设、改革全部历程的伟大建党精神为源头的精神谱系，创造出革命文化独特的精神标识和深层的精神追求。在浙江工作期间，习近平把加快建设文化大省纳入"八八战略"大布局中予以谋划和部署，提出了浙江文化建设的顶层设计，浙江历届省委带领全省人民坚持一张蓝图绘到底，在不同历史条件下不断推动文化建设跃上新台阶，创造了中国式现代化文化强省发展新道路的新辉煌。

第一节　浙江打造优秀传统文化"两创"高地

浙江打造优秀传统文化创造性转化和创新性发展的"两创"高地，一是浙江具有扎实的经济基础，如2017年至2021年全省生产总值分别为52403.13、58002.84、62462.00、64689.06、73515.76亿元，2017年至2021年财政总收入分别为10103.16、11705.95、12268.24、12421.49、14516.96亿元；① 二是浙江具有丰富多彩的优秀传统文化，并且高度重视其优秀传统文化的创造性转化和创新性发展，在打造"两创"高地方面取得了一系列重要成就。

一　浙江打造优秀传统文化"两创"高地意义重大

中华优秀传统文化是中华文明的智慧结晶和精华所在，是中华民族的"根"和"魂"。党的十八大以来，习近平总书记围绕如何对待中国传统文化的问题进行了一系列精辟的论述。在十八届中央政治局第十三次集体学习时，习近平总书记指出，弘扬中华优秀传统文化，"要处理好继承和创造性发展的关系，重点做好创造性转化和创新性发展"②。推动"两创"，打造"两创"高地，在理论上要弄清

---

① 浙江省统计局、国家统计局浙江调查总队：《浙江统计年鉴2022》，中国统计出版社2022年版，第2—3页。
② 《习近平谈治国理政》第1卷，外文出版社2014年版，第164页。

楚什么是"两创"及其内在关系。"创造性转化"强调的是继承,是立足本来,继承什么、如何继承的问题;"创新性发展"强调的是创新,是在立足本来基础上,创新什么、怎么创新的问题。"两创"重点要结合实践,打造优秀传统文化"两创"实践探索高地,关键要使"两创"理论在中华大地上开花结果,落地生根。浙江省在中国文化版图中有着先天的优势和现实基础,打造浙江优秀传统文化"两创"高地意义重大。

第一,打造优秀传统文化"两创"高地,进行"两创"实践探索浙江示范,有助于推动浙江人民精神生活共同富裕。"治国之道,富民为始",共同富裕是社会主义的本质要求,是人民群众的共同期盼。共同富裕要求广大人民群众物质生活富裕,精神生活富有,内在地体现为广大人民群众精神世界充裕、人民精神力量磅礴向上。[1]"人是生产力诸要素最活跃和最富有创造性的要素","包括他的肉体活动和精神活动。"[2] 但是,二者在彼此分离的情况下只在可能性上是生产因素。凡是进行生产,他们就必须结合起来。[3] 因此,必须把精神要素融入新时代共同富裕的建设中去。既要做大又要做好、做实共同富裕的"蛋糕",最大限度地发挥人民的主体能动性,满足人民群众的合理要求,依靠人民群众,弘扬优秀传统文化精神,推动新时代人民精神生活的高质量发展。"精神生活共同富裕"既是人民对向"善"高尚生活的价值追求,对自由、和谐、美好社会的价值追求,也高度体现了中国特色社会主义本质要求,人类文明新形态的内在形式和中国式现代化的重要特征。进入新时代,我国发展的主要矛盾发生了根本性的转变,中国社会主要矛盾已经转化为人民日益增长的美好生活需要和不平衡不充分的发展之间的矛盾。[4]

---

[1] 辛向阳:《中国文明强国建设的意蕴》,《中国社会科学报》2022年第8期。
[2] 《马克思恩格斯选集》第1卷,人民出版社2012年版,第29页。
[3] 《马克思恩格斯选集》第2卷,人民出版社2012年版,第309页。
[4] 习近平:《决胜全面建成小康社会 夺取新时代中国特色社会主义伟大胜利——在中国共产党第十九次全国代表大会上的报告》,《人民日报》2017年10月28日第1版。

习近平总书记在中央财经工作会议上专门提出"精神生活共同富裕",强调物质与精神相协调以及人们精神生活共同富裕的问题。强调建设中国特色社会主义现代化,不单单是解放生产力和发展社会生产力,加快经济的快速增长,更为重要的是使人民群众在精神生活上能够充实丰富,在精神生活上走向共同富裕。近年来,浙江文化建设在全方位、各领域都取得了突破性进展,浙江人民的获得感、幸福感、认同感均大为提升,浙江文化精神力量持续增强。打造浙江优秀传统文化"两创"示范高地,能够为人民提供更好的精神生活条件,让人民保持积极健康的社会心态,可以权衡个体对精神生活的程度,提高人民的精神状态和精神追求境界,有助于推动浙江人民精神生活共同富裕。

第二,打造优秀传统文化"两创"高地,进行"两创"实践探索浙江示范,有助于增强国家文化软实力建设。文化软实力是以文化资源为基础的一种软实力,是受动者主动接受或者是主动分享而产生的一种影响力和吸引力。① 中华优秀传统文化是中华民族的血脉、灵魂和根基,它是中华民族区别于其他民族的根本标志,也是中华民族屹立于世界民族之林的坚强后盾。中华优秀传统文化包含了中华民族最深沉、最突出的精神追求,是我们国家最深厚、最核心的文化软实力,具有"海纳百川、地承万物"的气魄。不仅为中国人的文化性格和行为方式的形成奠定了深厚的历史基础,而且对中国的经济和社会发展,对人类文明的发展产生了重要而深远的影响。浙江打造"两创"高地的实践探索,有助于深入挖掘浙江优秀传统文化资源,结合新时代要求继承创新;有助于推进打造浙江优秀传统文化标识,把文化力量融入经济发展,促使文化经济化和经济文化化。推动构建社会主义核心价值观宣传教育、实践养成、政策保障新格局;有助于进一步提升浙江人民群众的文化素质,秉承积极的理想信念、价值取向、道德品格等,保持社会道德秩序良性运行。

---

① 胡键:《文化软实力研究:中国的视角》,《社会科学》2011 年第 5 期。

第三，打造优秀传统文化"两创"高地，进行"两创"实践探索浙江示范，有助于提高全民族"文化自信"。一个国家、一个民族的传统和传统文化究其本质是这个国家和民族群体的"自我意识"，文化自信就是国家和人民对中华优秀传统文化、革命文化和社会主义先进文化的自信，特别是对其中蕴涵的核心价值观的自信。而作为一个国家、一个民族群体所特有的这种"自我意识"，是在长期的共同生活、共同的社会实践中形成的，为世代所相传。中华民族有5000多年的悠久历史，创造了灿烂的中华文明。在世界四大古老文明中，唯有中华文明延续至今，并保持着强大的生命力和创造力。中国作为一个文明古国，长期在世界上科技领先、经济繁荣、国力强盛，对人类文明进步作出了巨大贡献。我们坚定文化自信，就是要科学总结历史文化遗产，把那些体现中华民族的"禀赋、特点、精神"的优秀传统文化继承下来，并在新的时代发扬光大，进行创造性转化、创新性发展。因此，打造优秀传统文化"两创"高地，必定有利于中国人民加深对全民族传统文化的认识，提高全民族的"文化自信"。

第四，打造优秀传统文化"两创"高地，进行"两创"实践探索浙江示范，有助于扩大中国文化的世界影响，提升国际话语权。话语权是指通过话语所包含的概念内涵、理论逻辑、核心价值、意识形态等因素去彰显事物自身发展的规律性，作出相应的表述，对所产生的影响获得相应的公信力。当今人类的交往越发多样化、国际化，国内交往体系趋向国际体系转型，各国也都试图在新的国际体系的价值观念中注入自身的理念，以获取话语权。国际话语权不仅成为国际竞争的重要组成部分，而且已经成为主导国际关系的战略制高点。中国国际话语权具有深厚的传统文化基因，中华文化5000多年延续不断，博大精深，自成体系。中国的国际话语权是在不断挖掘和提炼中国传统文化的价值精华的基础之上，提出的一系列具有中国特色、中国风格、中国气派的价值理念。① 打造优秀传统文化"两创"高地，进行"两创"实践探索浙江示范，也必定有助于扩大中国文化的世界影响，提升国际话语权。

二 浙江优秀传统文化"两创"高地的现实基础和历史传承

"人类社会发展史不仅是人类物质文明成果积累的过程，也是思想文化沉淀和传承的过程。文化对一个国家、一个民族的存续和发展至关重要，文化凝聚着本民族对世界的共同认知和感受，凝聚着本民族深层次的价值观和精神追求。"② 当代中国，任何现实文化都应该在马克思主义的指导下传承和发展，应该运用马克思主义的立场、观点和方法分析、审视中华传统文化，有辨别地发现优秀的传统文化，有目的地进行创造性吸收、转化，创新性发展。浙江省人民政府认真落实了习近平总书记作出的重要指示，"深入挖掘中华优秀传统文化蕴含的思想观念、人文精神、道德规范，结合时代要求继承创新，让中华文化展现出永久魅力和时代风采"③。在浙江精神先天优势和现实基础条件下，创造性和创新性发展了我国的优秀传统文化。

第一，浙江在中国文化版图中先天有优势，现实有基础，未来发展有条件。"远在数万年前，浙江大地就已经出现了'建德人'的足迹。跨湖桥文化、河姆渡文化、马家浜文化、良渚文化，更是进一步呈现文明的曙光。"④ "这种文化传统构成代代相传的文化基因，千百年来始终流淌在浙江老百姓的血液之中，形成了浙江特有的文化精神和人文优势。"⑤ 浙江悠久的历史文化，奠定了浙江深厚的文化

---

① 张志洲：《在崛起背景下构建中国自己的外交哲学》，《国际论坛》2007年第1期。
② 冯颜利：《习近平对推进中华优秀传统文化创造性转化和创新性发展的贡献》，《中共贵州省委党校学报》2021年第5期。
③ 习近平：《决胜全面建成小康社会 夺取新时代中国特色社会主义伟大胜利——在中国共产党第十九次全国代表大会上的报告》，《人民日报》2017年10月28日第1版。
④ 习近平：《与时俱进的浙江精神》，《哲学研究》2006年第4期。
⑤ 习近平：《与时俱进的浙江精神》，《哲学研究》2006年第4期。

基础。至今浙江已经成了全国无可争议的财富命脉和文化重镇。浙江拥有"鱼米之乡""丝绸之府"的美誉，更有"文化之邦"的盛名。浙江历史文化悠久、革命文化独特、现代文化多元，彼此交相辉映，光彩夺目。此外，浙江更是中国共产党的诞生地之一，我们党正是从嘉兴南湖"踏船起航"，开启"艰苦卓绝"的奋斗征程，在敢为人先、智慧兼勇气、吃苦兼忍耐的浙江精神下，创建"彪炳千秋"的伟大业绩。浙江人民善于抓住改革机遇，率先形成了以公有制为主体、多种所有制经济共同发展的格局，极大解放和发展了生产力。改革开放以来，勇于开拓、敢为人先的浙江人走在了全国前列，凭借灵活的头脑和机制打下了浙江良好的经济基础。据统计，2004年浙江人均GDP就已达2900美元，可以看出浙江文化产业的发展早已具有了坚实的物质基础。① 如今，除拥有幸福的物质生活条件外，浙江人民的向心力和凝聚力也大大加强，浙江省文化建设的一系列突破性进展持续提升了人民的文化获得感、幸福感、认同感，文化精神力量持续增强。至2022年，浙江省十年奋进和变革取得的成就巨大，浙江共同富裕示范区建设稳步推进。"城乡居民收入翻了一番以上，分别连续21年、37年居全国省区第一。三大差距继续缩小，山海协作工程深入实施，城镇化率从63.2%提高到72.7%，城乡居民收入倍差从2.37缩小到1.94，地区居民收入最高最低倍差从2013年的1.76缩小到1.61，家庭年可支配收入20万元—60万元群体比例达30.6%。健全为民办实事长效机制，基本公共服务均等化实现度超过98%，高等教育毛入学率从49.5%提高到64.8%，居民主要健康指标接近高收入经济体水平，最低生活保障年标准突破1万元。用心用力做好对口支援帮扶，助力8省100个县（市、区）的527万人实现脱贫。"② 根据对浙江省文化建设现有指标的初步测算，可以在2027年前率先实现建成文化强省。

---

① 刘晓林：《走在前列的浙江文化大省建设》，《观察与思考》2005年第16期。
② 袁家军：《十年感恩奋进 十年精彩蝶变》，《浙江日报》2022年8月31日。

第二,"从过去到现在",浙江推动中华优秀传统文化走深、走细、走实。浙江省以习近平新时代中国特色社会主义思想为指导,以实施重大工程项目为总抓手,按照省委、省政府的决策部署,围绕高质量发展建设共同富裕示范区目标,持续深化"山海协作工程"。立足发挥"山"的特色和"海"的优势,聚焦"一县一业"打造,产业平台共建,协作方式创新,充分发挥浙江悠久历史、深厚文化底蕴的优势,持续深化山海协作的内涵,加快山区26县跨越式高质量发展步伐,推动实现更高质量区域协调发展。浙江传统文化资源既涵盖了传统建筑、传统工艺品等众多物质传统文化资源,同时又涵盖了思想艺术、风俗节庆等非物质文化资源。浙江推动加快打造新时代文化地标,建设城市文化场馆,如文化馆、博物馆、美术馆、公共图书馆等。不断增加农村文化礼堂建设力度,深入开展"送文化""育文化""种文化"和"文化走亲"等活动,使得将浙江优秀传统文化这一"本来"既继承又创造地转化为浙江现代精神文化,浙江人民群众的精神文化生活水平持续得以提升。此外,浙江始终坚持根植浙江大地深厚的文化积淀,形成优秀传统文化创造性转化的法规制度和工作机制。在打造优秀传统文化标识方面取得重大突破,特别注意非物质文化遗产的保护,拥有联合国教科文组织非物质文化遗产项目10项,国家级非物质文化遗产241项,国家级非物质文化遗产代表性传承人196人,且全国位次均为1。浙江独特的文化优势为"两创"高地建设提供了重要的文化条件和现实基础。

第三,"从现在到未来",浙江赋予优秀传统文化的新时代内涵和现代表达形式。浙江坚持以满足人民日益增长的美好生活需要为出发点和落脚点,秉持客观、科学的态度,取其精华、去其糟粕,持续推进传统文化的利用和发展,将优秀传统文化和与时俱进的浙江精神有机融合起来,不断赋予浙江优秀传统文化新时代内涵和现代性表达,使之与全面建成的小康社会进程相适应,与当代文化相协调。

浙江不断发掘优秀传统文化浙江元素，把独特的浙江文化元素融入各行业各领域，普及到发展的各阶段。深刻领悟"促进人民精神生活共同富裕"的重要指示要求，深入践行习近平总书记当年提出的"建设旅游经济强省"战略构想。持续推进文化发展模式变革，推进文旅融合发展，推动旅游业成为战略性支柱产业，推动优秀传统文化融入国民教育。找到传统文化与现代生活的连接点，鼓励浙江广大作家艺术家用传统的文化精髓滋养文艺作品，深入使中华优秀传统文化的新时代内涵和现代性形式"飞入寻常百姓家"。打造"浙江有礼"省域文明实践品牌、"诗画江南、活力浙江"省域品牌，实施宋韵文化传世工程，建设文明城市、新时代文明实践中心、农村文化礼堂。此外，浙江还把中华优秀传统文化融入教育的各环节，优化校园育人环境。推进优秀传统文化元素进学校课堂，采用数字化创新平台传播优秀传统文化，用优秀传统文化积极影响青少年学生的价值观的塑造和形成，融入校园文化生活。实施新时代文艺精品创优工程，谋划设立"之江潮"杯文化大奖，打造传承中华文脉金名片，创新性提升公共服务效能，共建共享幸福美好家园，全域推进精神文明创建活动，全域推进新时代文明实践中心试点，等等。

三 推动优秀传统文化传承，打造浙江"两创"高地的有效路径

在新的起点，应从以下几方面高质量推动浙江优秀传统文化创造性转化、创新性发展，打造"两创高地"。第一，推动优秀传统文化传承，打造浙江"两创"高地，必须坚持与"浙江当代文化"相适应。习近平总书记指出："我们要善于把弘扬优秀传统文化和发展现实文化有机统一起来，紧密结合起来，在继承中发展，在发展中继承。"[①] 推动优秀传统文化传承，打造浙江"两创"高地，必须以

---

① 习近平：《在纪念孔子诞辰 2565 周年国际学术研讨会暨国际儒学联合会第五届会员大会开幕会上的讲话》，《人民日报》2014 年 9 月 25 日第 2 版。

"当代文化"为根据，并与之相适应。基于马克思主义实践性的理论品格来看，"当代文化"不是一个空洞的抽象概念，它指涉当代人类现实实践活动在时间维度展开而具有的一种内在规定性，这种规定性植根于中国现实的实践。因此，"浙江当代文化"可以说既是在浙江本省的优秀传统文化这一"本原"上继承发展起来的，又要在发展的实践当中继续创造性转化、创新性发展，因此，在推动优秀传统文化传承，打造浙江"两创"高地的过程中，必须要与"浙江当代文化"相适应。

第二，推动优秀传统文化传承，打造浙江"两创"高地，必须坚持与"当代社会"相协调。习近平总书记明确指出："中华优秀传统文化与社会主义市场经济、民主政治、先进文化、社会治理等还存在需要协调适应的地方。"① 从某种意义上来说，当今的社会主义市场经济、民主政治、先进文化、社会治理等，构成了"当代社会"的本质性特征，它们既区别于中国传统社会，又区别于西方现代社会，特指正在创造中国式现代化、人类文明新形态的新时代中国特色社会主义。因此，推动优秀传统文化传承，打造浙江"两创"高地，首先应坚持与市场经济相协调。发展浙江市场经济必然需要一套与社会主义市场经济相一致的理论。而这一理论既不能直接引用西方经济理论，也不可能从中华传统文化中直接摄取，只能深入学习、掌握、贯彻、落实习近平新时代中国特色社会主义思想，用习近平新时代中国特色社会主义思想的科学思维方法指导浙江的探索与实践。所谓探索实践的过程其实就是推动中华优秀传统文化创造性转化和创新性发展的过程。习近平总书记明确指出："中国特色社会主义政治制度之所以行得通、有生命力、有效率，就是因为它是从中国的社会土壤中生长起来的。中国特色社会主义政治制度过去和现在一直生长在中国的社会土壤之中，未来要继续茁壮成长，

---

① 《习近平总书记系列重要讲话读本》，人民出版社2016年版，第203页。

也必须深深扎根于中国的社会土壤。"① 其次，应坚持与社会主义民主政治相协调。任何制度和上层建筑都会受到历史文化传统因素的影响，并由于这种影响反映出不同的社会价值取向和政治发展道路，表现出不同的实现形式。② 深入研究和拓展社会主义民主政治理论和实践，有利于中国优秀传统文化的创造性转化和创新性发展。而深入发掘中华传统文化的精髓，有利于社会民主政治的健康良性发展。打造浙江"两创"高地，传承创新发展中华优秀传统文化，应该坚持与社会主义民主政治相协调，探索两者良性共进，和谐发展，相辅相成，共同进步。再次，推动优秀传统文化传承，打造浙江"两创"高地，应坚持与浙江先进文化相协调。党的十七届六中全会决议指出："建设社会主义文化强国，就是要着力推动社会主义先进文化更加深入人心"，"建设优秀传统文化传承体系"。③ 在新的历史起点上，应坚持自觉处理先进文化和中华优秀传统文化的关系。浙江先进文化是浙江人民政府在推进中国特色社会主义伟大实践中，在马克思主义思想、习近平新时代中国特色社会主义思想的指导下，所形成的内向中国、浙江，外向世界、亚洲，面向未来的科学的社会主义文化。在打造浙江"两创"高地的过程中，要学习全面审视和评估传统文化的当代价值，建设浙江社会主义先进文化。最后，推动优秀传统文化传承，打造浙江"两创"高地，还应坚持与浙江社会治理相协调。中共十六届四中全会提出加强社会建设与管理，浙江积极贯彻落实这一要求，把社会治理与社会建设紧密结合，率先起跑、领先全国。但当前，浙江社会治理新阶段仍存在着一定的新问题和新挑战，浙江省政府要想推动社会治理的新格局，迫切需

---

① 习近平：《在庆祝全国人民代表大会成立60周年大会上的讲话》，《求是》2019年第18期。
② 李新潮：《"两创"思想对马克思主义文化传承观的创新与发展》，《文化软实力》2022年第2期。
③ 《中共中央关于深化文化体制改革推动社会主义文化大发展大繁荣若干重大问题的决定》，人民出版社2011年版，第8、25页。

要导入、融入本地优秀传统文化，强化道德约束，规范社会行为，重塑中华优秀传统文化在社会治理方面的影响力和话语权。在社会治理当中如无视传统文化，不仅是对历史上优秀治国理政经验的否定，也是对传统文化与民族精神的割裂，没有传统文化基础的社会治理，势必成为无源之水、无本之木，无法取得成功。只有全面吸收传统法治文化的精髓，才能实现当代法治文化在观念、机制方面的创造与发展。

第二节 浙江打造革命文化建设高地

革命文化是中华优秀传统文化的传承和发展，是社会主义先进文化的源头，是中国共产党带领全国各族人民在"夺取新民主主义革命伟大胜利"，"完成社会主义革命和推进社会主义建设"，"进行改革开放和社会主义现代化建设"，"开创中国特色社会主义新时代"过程中创造的独特的精神标识和深层的精神追求。

一 浙江革命文化精神

党的十八大以来，习近平总书记在地方考察调研时多次到访革命纪念地，反复强调要利用好红色资源，传承好红色基因。2022年10月27日上午，习近平总书记带领中共中央政治局常委专程前往延安，瞻仰延安革命纪念地，习近平总书记再次强调要弘扬伟大建党精神，弘扬延安精神，坚定历史自信，增强历史主动，发扬斗争精神，为实现党的二十大提出的目标任务而团结奋斗。浙江具有深厚的红色根脉，是中国革命的重要发源地之一。浙江历史上各种文化交汇融合，早在改革开放期间就孕育了"自强不息、坚忍不拔、勇于创新、讲求实效"的浙江精神，[①] 浙江精神构成了浙江综合竞争力

[①] 习近平：《与时俱进的浙江精神》，《哲学研究》2006年第4期。

的软实力，极大地促进了社会生产力的解放和发展。浙江的革命精神资源极其丰厚，具有"独特的地域性""坚强的革命性""显著的多样性""鲜明的时代性"等特征，体现了一系列的革命文化精神，如"红船精神""红十三军精神""浙西南革命精神""蚂蚁岛精神""一江山精神""大陈岛垦荒精神""四千精神"和与时俱进的"浙江精神"等，它们分别对应新民主主义革命、社会主义革命和建设、社会主义改革、社会主义现代化建设各个时期，引领、创造、凝聚着浙江人民百年奋斗的百年业绩和百年荣耀。

第一，新民主主义革命时期浙江革命文化精神。

首先，"开天辟地、敢为人先，坚定理想、百折不挠，立党为公、忠诚为民"的红船精神。红船精神是党的先进性之源，是中国革命的精神之源。[①] 红船精神，是早期中国共产党追求革命事业所反映的一种精神、一种状态，是指开天辟地、敢为人先的首创精神和坚定理想、百折不挠的奋斗精神，是指立党为公，忠诚为民，全心全意为人民服务，努力维护好、实现好、发展好最广大人民的根本利益的精神状态。红船精神是历史的，具体的。红船起航于浙江，不仅成了中国共产党的"产床"，更成了中国共产党的事业的象征，它是我们党创立时期坚持和实践自身先进性的一个历史证明，[②] 即在马克思主义指引下建立了中国共产党的历史证明。"红船精神"可以说是中国共产党的精神源头，是浙江优秀文化精神的现实展现，是新时代砥砺前行的精神指引，既具有与时俱进的科学性指引，又具有不忘初心、全心全意为人民服务的使命性传承，在中国式现代化建设新起点下，引领我们坚定理想，坚定信念。

其次，"怀抱理想、敢为人先，艰苦奋战、不怕牺牲，为民奉献、自强不息"的红十三军精神。红十三军是中国工农红军正式编制序列里的部队番号，1929年，楠溪江两岸，革命星火燎原——以

---

① 习近平：《弘扬"红船精神"走在时代前列》，《光明日报》2005年6月21日。
② 习近平：《弘扬"红船精神"走在时代前列》，《光明日报》2005年6月21日。

金贯真、胡公冕等为代表的浙南英雄儿女,率全省之先建立直属中央军委的中国工农红军第十三军。1930年5月,中国工农红军第十三军在永嘉正式成立。红十三军在浙南斗争四年,沉重打击了国民党在浙江的统治,有力地支援了中央苏区及其他地区的革命斗争,在浙南乃至浙江党的历史上产生了重大影响,在中国共产党的党史和军史上有着重要的地位。① 在红十三军成立90周年之际,通过全社会征集和专家研讨等方式,把红十三军精神总结提炼为:"怀抱理想、敢为人先的求真精神,艰苦奋战、不怕牺牲的斗争精神,为民奉献、自强不息的进取精神。"红十三军为中国革命作出了重要贡献,为浙江注入了红色基因,是浙江精神的重要组成部分,在党和人民军队历史上写下了光辉的一页,给浙江人民留下了宝贵的精神财富。

"百折不挠、大局为重,一往无前、无所畏惧"的浙西南革命精神。浙西南精神在革命文化精神中具有丰厚的内涵和鲜明的特色,是在中国革命战争时期,在中国共产党的实践斗争中,凝结而成的百折不挠的奋斗精神、大局为重的集体主义精神、一往无前的尖刀精神和无所畏惧的革命英雄主义精神。② 既是中国革命精神的重要组成部分,又是中国共产党人精神气概的直接体现,也是浙西南革命斗争实践最宝贵的财富之一。浙江省丽水市高度重视浙西南革命精神内涵的提炼,将其概括为"忠诚使命、求是挺进、植根人民"。党的十八大以来,习近平总书记反复强调继承、弘扬革命精神。他指出:"理想信念是共产党人精神上的'钙',强调'革命理想高于天',就是精神变物质,物质变精神的辩证法。广大党员、干部理想信念坚定、干事创业精气神足,人民群众精神振奋、发愤图强,就

---

① 徐李送:《一座屹立不倒的丰碑——中国工农红军第十三军悲壮史迹和斗争精神》,《中国军转民》2020年第8期。

② 聂庆艳:《浙西南革命精神:思想内涵、历史坐标与当代传承》,《浙江理工大学学报》(社会科学版)2020年第3期。

可以创造出很多人间奇迹。"① 浙西南革命精神的传承可以增强人们的理性信念，牢固树立大局意识，弘扬新时代斗争精神，打造新时代的"铁军"。

第二，社会主义革命和建设时期浙江革命文化精神。

"艰苦创业，敢啃硬骨，勇争一流"的蚂蚁岛精神。2005年6月13日，习近平登上蚂蚁岛并说道："蚂蚁岛曾有光荣的艰苦创业史，现在又与时俱进，渔区呈现新气象。老一辈创造的'艰苦创业、敢啃骨头、勇争一流'的蚂蚁岛精神，不但没有过时，还要继续发扬光大。"② 蚂蚁岛精神产生于新中国成立初期和社会主义革命之时，发展于海岛社会主义事业围海造地的创新创业进程中，它是社会主义建设时期精神的最早体现。蚂蚁岛人民艰苦奋斗，撸起袖子加油干的艰苦创业精神是蚂蚁岛精神最重要的核心；敢啃技术的骨头，敢啃资源的骨头，敢啃养殖业的骨头的敢啃硬骨精神是蚂蚁岛精神最可贵的根本；坚持养捕并举的方针，发扬敢想、敢说、敢做的勇争一流精神是蚂蚁岛精神最鲜明的特色。今天蚂蚁岛精神依然是建设展示海岛风景线的动力源泉，大力发扬蚂蚁岛精神，推动建设共同富裕示范区，为实现高质量发展不断努力。

"不怕艰险、智勇坚定、团结奋斗、不胜不休"的"一江山精神"。"一江山精神"是人民解放军在解放一江山岛的过程中形成的，是中国红色文化精神的重要组成部分之一，随着社会主义的建设和发展，在推进社会主义现代化国家建设时，其内涵需要传承和不断丰富。在解放一江山岛过程中，解放军心怀不怕困难、不畏艰险、勇敢战斗、不胜利不罢休的决心，仅用35分钟就抢占主峰，经过3小时的鏖战，全歼守敌。"一江山精神"具有深厚的民族性和鲜明的

---

① 习近平：《辩证唯物主义是中国共产党人的世界观和方法论》，《思想政治工作研究》2019年第2期。
② 周咏南：《习近平调研舟山　强调利用资源发展海洋经济》，《浙江日报》2005年6月14日。

时代性。解放军、人民群众、地方政府融洽互动,形成了鼓舞人心、凝聚人心,具有民族性的"一江山精神"。21世纪初,有的学者将"一江山精神"提炼为十六个字,即"不怕艰险、智勇坚定、团结奋斗、不胜不休"①。"一江山精神"与时俱进,不断丰富和发展,不断彰显"一江山精神"的时代性。中国特色社会主义进入新时代,坚持中国共产党的全面领导,不断推进社会主义先进文化建设,就要立足中国的国情,结合时代特征,把握时代脉搏,不断开创新局面,不断丰富和发展"一江山精神"的时代内涵,不断凸显自强、包容、和谐、发展的时代精神,不断提升"一江山精神"的时代性与创新能力,不断彰显红色革命精神文化的时代活力。

"艰苦创业、奋发图强、无私奉献、开拓创新"的大陈岛垦荒精神。大陈岛垦荒精神是以爱国主义为核心的民族精神和以改革开放为核心的时代精神的生动体现。2006年8月29日,时任浙江省委书记的习近平专程到大陈岛考察,在看望老垦荒队员时,首次概括和阐述了"艰苦创业、奋发图强、无私奉献、开拓创新"的大陈岛垦荒精神,并作出"大陈岛开发建设大有可为"的指示。② 大陈岛垦荒精神产生于新中国一穷二白开展社会主义建设的时代,是中国共产党革命精神在社会主义建设时期的最早表现。其本质是艰苦创业精神,体现了中国第一代青年建设祖国的热情和毅力。熔铸成了坚持到底,决不退缩,质朴崇高的优良品质和坚定信念。1955年11月28日,时任团中央书记的胡耀邦同志提出建议,"组建青年志愿垦荒队上岛,开发建设祖国新大陈",首批227名青年响应团中央号召,登上大陈岛开始垦荒生活。1985年5月,留守在大陈岛上的老垦荒队员还有81人,他们分布在大陈的各条战线,在不同的岗位上继续为建设大陈岛贡献力量。经过几十年艰苦卓绝的奋斗,在战争废墟

---

① 赖继年:《红色精神的弘扬——以"一江山精神"为例》,《党史文苑》2017年第18期。
② 段治文、姜雪芳:《红船精神、大陈岛垦荒精神和浙江精神的整体性逻辑分析》,《观察与研究》2020年第7期。

上建设起祖国新大陈。大陈岛精神折射的先进性和纯洁性，始终激励全社会在新时代继续迸发出创业创新非凡活力的强大精神力量，迸发更加夺目的色彩。

第三，改革开放和社会主义现代化建设时期浙江革命文化精神。

"历经千辛万苦、说尽千言万语、走遍千山万水、想尽千方百计"的四千精神。四千精神是浙江精神的具体体现，是改革开放以来浙江模式的主要内涵，既是浙江精神传承的思想源泉之一，也是我国改革开放精神的重要组成之一。20世纪80年代，身处改革开放前沿的浙江温州人吼出了四千精神，在全国轰动一时。所谓四千精神，就是"历经千辛万苦、说尽千言万语、走遍千山万水、想尽千方百计"精神。四千精神熔铸了浙江温州人民坚忍不拔的顽强毅力和勇于创新、敢于创新的开拓品质，不仅克服改革开放初期资源短缺、交通闭塞等困难，为社会进步发展提供了不竭的精神动力，而且为群众干事创业提供了强大精神支撑。"历经千辛万苦"究其实质来说，是对"八不怕"，即"不怕艰苦，不怕困难，不怕动脑筋，不怕找麻烦，不怕得罪人，不怕挑重担，不怕流血汗，不怕路途险"精神的本质概括。"说尽千言万语"就是想尽各种办法，利用话语树立良好的形象观。"走遍千山万水"就是不畏艰苦，不怕困难，哪怕走遍千山万水，踏破"铁鞋"，也要干好活，办好事。"想尽千方百计"就是要做到千方百计谋求发展空间，寻找问题解决之策。克服自傲、自封的意识和观念，坚持中国共产党的领导，坚持以人民为中心，走群众路线，全心全意依靠广大职工的智慧和力量，用千民之"计"，万众之"策"，深度挖掘、利用和谋划一切利于国家发展的动力和智慧。

党的十八大以来，习近平总书记对勇于创新、敢于担当作出了一系列论述。"中国的先人们早在2500多年前就认识到'苟利于民，不必法古；苟周于事，不必循俗'。变革创新是推动人类社会向前发展的根本动力。谁排斥变革，谁拒绝创新，谁就会落后于时代，谁就会被历史淘汰。"① 我们要积极适应新时代的千变万化，争做敢闯敢拼的担当者；主动承受千锤百炼，争做善于突破的创新者；在发展中展现千姿百态，争做坚忍不拔的奋斗者；在新的征程上奔腾千军万马，争做敢为人先的领跑者。新时代的"四千四万精神"是在传承四千精神的基础上践行习近平新时代中国特色社会主义思想的生动写照。

第四，中国特色社会主义新时代的浙江精神。

"自强不息、坚忍不拔、勇于创新、讲求实效"的浙江精神和"求真务实、诚信和谐、开放图强"的精神。"世界在变化，时代在进步，形势在发展。与时俱进是马克思主义的理论品质，也是浙江精神的内在要求。"② 2006年2月5日，习近平的《与时俱进的浙江精神》一文，梳理、归纳和总结了浙江精神的优秀历史传统以及在当代的生动展现，提出了浙江精神在新时期新阶段与时俱进的新任务和新使命。习近平提出："浙江精神的优秀历史传统不仅与浙江人民的历史生命相伴，而且与浙江人民的现实生活与未来生活相伴。……我们不仅要坚持和发展'自强不息、坚忍不拔、勇于创新、讲求实效'的浙江精神，激励全省人民'干在实处，走在前列'。而且要与时俱进地培养和弘扬'求真务实、诚信和谐、开放图强'的精神'。"③ 浙江精神是不同时期、不同领域浙江人共同奋斗的结晶。浙江精神从"自强不息，坚忍不拔，勇于创新，讲求实效"到"求真务实，诚信和谐，开放图强"再到"务实、守信、崇学、向善"，浙江精神包括了自强不息、追求卓越的民本精神，坚忍不拔、意志坚定的批判精神，不崇尚权威、不墨守成规、勇于创新的开拓精神和求真务实、主张道德践履、讲求实效的实践精神。国内有学者认为"自强不息、坚忍不拔、勇于创新、讲求实效"的浙江精神和

---

① 习近平：《开放共创繁荣创新引领未来——在博鳌亚洲论坛2018年年会开幕式上的主旨演讲》，《人民日报》2018年4月11日第3版。
② 习近平：《弘扬"红船精神"走在时代前列》，《光明日报》2005年6月21日。
③ 习近平：《与时俱进的浙江精神》，《浙江日报》2006年2月5日。

"求真务实、诚信和谐、开放图强"的精神体现了不同的时代主题。前者产生于浙江市场经济形成时期,其内涵鲜明地体现了"人们从'割资本主义尾巴'的极'左'思潮影响下,从'姓社姓资'的空洞争论中,从传统的'本末'观念熏陶下解放出来,使许多在传统伦理评价中受到压抑和贬斥的但却有利于社会主义市场经济形成的伦理资源得到充分释放"①。后者则是相对前者增加了一些要素,一是"求真",即"追求真理、遵循规律、崇尚科学",二是"诚信"与"和谐",标志着浙江社会主义市场经济走向了成熟,浙江人民精神也从自发到达了自觉。习近平认为:"在浙江人民创造自己灿烂文明史的背后,始终跳动着、支撑着、推进着和引领着他(她)们的力量,正是浙江人民的力量。"② 浙江精神来自浙江底蕴深厚的传统文化基因,根源于浙江人民的日常生活,是浙江人民群众的精神追求、思维模式、生活方式、价值取向的集中表达,陶冶了浙江人民能吃苦、能忍耐、能创新、能"闯"、能"干"、"敢为天下先"的优秀品行。浙江精神既是浙江人民在千百年奋斗历程中孕育出的宝贵精神财富,又是浙江传统文化基因与当今时代精神的有机结合,是对改革开放精神的生动诠释,是中华民族精神的重要组成部分。浙江精神作为浙江改革开放内核,为浙江人民提供了物质富裕与精神富有相统一的精神家园,它代代相传,并在很长一段时间内不断改进,始终激励着浙江人民奋发图强,开拓创新,展现出强大的生命力和创造力。

二 浙江革命文化的当代传承

近年,浙江全面实施"红色根脉强基工程",计划实施新时代红色印记传承行动,推进伟大建党精神研究阐释,推动理想信念教育

---

① 李景源、陈晓明:《浙江经验与中国发展》(文化卷),社会科学文献出版社2007年版,第70页。
② 习近平:《与时俱进的浙江精神》,《浙江日报》2006年2月5日。

制度化、爱国主义教育常态化,加快推动全民国防教育领导体制和运行机制改革,打造新时代红色地标。如今,浙江人民精神动能充分迸发,"浙江革命文化精神"成为浙江独特的精神标识,彰显了浙江人民非凡的革命文化精神特质。

第一,努力依托红色文化资源,传承革命红色基因,精心打造红色革命文化场所。党的十八大以来,习近平总书记高度重视红色文化资源与初心使命的特殊关系,多次强调,要把红色资源利用好,把红色传统发扬好,把红色基因传承好。红色革命纪念馆是承载中国革命历史成长的场所与存在,它依托革命红色文化资源,按照历史唯物主义原则展示革命历史,在中国具有特殊的地位与功能。革命纪念馆从一开始就打上了红色文化印记。革命纪念馆承载着深厚的革命红色文化,发挥着传播中国红色革命精神,宣传党性教育的作用。近年来,浙江一直依托本地红色资源,打造了一大批红色革命文化场所,如嘉兴南湖革命纪念馆等。探寻革命历史遗迹,守好"红色根脉",传承革命红色基因,让革命薪火代代相传,世代赓续。南湖革命纪念馆以"开天辟地——中国共产党诞生"这一历史事件为核心,以党的先进性建设为主题,以党的一大为重点内容,举办了《开天辟地》和《光辉历程》两个展览。通过宣传中国共产党的创立、建设和发展历史,让广大党员群众感受到中国共产党开天辟地、艰苦卓绝和忠诚为民大无畏的红色革命精神,教育和引导广大党员干部群众坚定理想与信念,在新的历史条件下,发扬百折不挠、敢为人先、忠诚为民的红船精神,积极助推中华民族的复兴伟业。

第二,深入挖掘浙江红色文化资源,大力建设红色革命文化旅游景区,打造红色旅游观光经济,创新红色文化赋能产业发展。"坚持以文塑旅、以旅彰文,推进文化和旅游深度融合发展。"① 打造现代

---

① 习近平:《高举中国特色社会主义伟大旗帜 为全面建设社会主义现代化国家而团结奋斗——在中国共产党第二十次全国代表大会上的报告》,《人民日报》2022年10月26日第1版。

化旅游经济体系的省域示范，重点推进了四大行动。

第三，开展传承红色革命文化，弘扬革命精神，践行社会主义核心价值观，举办革命传统进校园，党史学习进影院等主题活动。习近平总书记在党的二十大报告中再次强调要广泛践行社会主义核心价值观，"弘扬以伟大建党精神为源头的中国共产党人精神谱系，用好红色资源深入开展社会主义核心价值观宣传教育，深化爱国主义、集体主义、社会主义教育，着力培养担当民族复兴大任的时代新人"。"用社会主义核心价值观铸魂育人，完善思想政治工作体系，推进大中小学思想政治教育一体化建设。"[①] 浙江贯彻习近平总书记关于革命传统教育重要指示和党的二十大精神，落实全国教育大会精神，充分发挥中小学教材在革命传统教育中的重要作用，制定《中华优秀传统文化进中小学课程教材指南》《革命传统进中小学课程教材指南》。将中华优秀传统文化、革命文化全面融入课程教材，充分发挥优秀传统文化、革命文化和社会主义先进文化铸魂育人功能。将党史学习课堂搬进影院，举办"党建主题影厅"，重温入党誓词，回顾入党初心，观看党建主题电影，组织党员代表、群众一起观看党史题材电影，增强党员对中国共产党光辉历程的理解和把握，加深对红色革命的认识，强化使命担当。将红色经典电影与党课紧密结合，精选讴歌党、讴歌祖国、讴歌人民、讴歌英雄，弘扬社会主义核心价值的主旋律影片。让党员、干部、群众走进影院上党课、看红色电影，撰写影评和心得体会，用电影魅力锻造和凝聚党员与人民的爱国之魂。

三 进一步打造浙江革命文化高地的对策建议

浙江红色革命文化所蕴含的红色基因、红色传统和红色资源是党

---

① 习近平：《高举中国特色社会主义伟大旗帜　为全面建设社会主义现代化国家而团结奋斗——在中国共产党第二十次全国代表大会上的报告》，《人民日报》2022年10月26日第1版。

带领浙江人民在艰苦卓绝的革命斗争实践中创造的宝贵文化财富，是培育践行社会主义核心价值观的题中之义，是坚定理想信念和文化自信的重要基础。习近平总书记多次强调指出，要把红色资源利用好，把红色传统发扬好，把红色基因传承好。在全面建设社会主义现代化国家的历史新征程中，必须充分认识红色文化在举旗帜、聚民心、育新人、兴文化、展形象中的重要功能，在弘扬培育红色革命文化的过程中不断推动内容形式创新、媒介平台创新和体制机制创新，使红色革命文化成为浙江建设人文强省和旅游强省的一面旗帜。

第一，加强历史研究，做好革命文化宣传教育。对浙江革命文化内涵特质的准确把握是加强宣传教育的基础和前提。在革命文化宣传教育具体实践中，必须对浙江革命文化进行更加系统深入的历史研究，加强对革命文化的研究宣传阐释，全面揭示浙江革命文化的丰富内涵、价值意蕴、表现形式、内在特质等方面内容，廓清浙江革命精神谱系，只有这样，才能真正展示出浙江革命文化的独特魅力。同时，要切实加强革命文化的宣传教育，创新理念与手段，鼓励红色创作，创新红色表达，充分利用电视、报纸、杂志、网络等各类媒体进行全景式、立体式、延伸式展示宣传，做到见人见物见精神。特别是要把弘扬革命文化与理想信念教育、社会主义核心价值观等结合起来，突出特色主题，深入到乡镇企业、校园、社区和农村文化建设中去，真正讲好红色革命故事，占领文化高地。

第二，挖掘红色资源，打造红色革命旅游观光经济。要充分利用浙江"两个先行"的重大机遇，充分挖掘浙江丰富的红色文化资源，加强对革命遗址的保护利用，既注重对红色革命文化物质形态资源的挖掘和利用，也注重对红色革命文化非物质形态资源的挖掘和利用，做好革命文化的有效传承，确保红色革命文化不变色、不走样、不滞后。同时，将红色革命文化相关资源进行有效整合、有机融合，挖掘文化创新创造的内在潜力，倾力打造红色旅游观光景区，推动浙江红色革命文化资源与绿色生态资源联动开发，把红色革命文化与主题教育活动和红色旅游观光有机结合起来，不断加深浙江的红色文化氛围，以红色旅游观光推进浙江的快速发展，让红色革命文化成为浙江的重要文化名片。

第三，健全体制机制，提升革命文化培育效能。东西南北中，党是领导一切的。浙江省要坚持党委的集中统一领导，坚持政府主导与社会参与相结合，把革命文化弘扬培育纳入党委和政府年度工作规划，纳入重要会议议题，调动各方、形成合力，制定相关举措，建立健全革命文化弘扬培育的长效机制。具体而言，一是要健全管理机制，不断规范对革命文化资源开发利用的宏观指导与管理，特别是认真制定革命文化的相关政策法规，明确革命文化资源保护、开发、利用的权责，赋予弘扬革命文化的法理依据；二是要健全联动机制，着力推动弘扬革命文化多部门协作联动的长效机制建设，营造全社会弘扬革命文化的良好氛围，形成弘扬革命文化的合力；三是要健全运行机制，积极培育革命文化宣传教育人才队伍，着力完善革命文化实践养成激励、联动、反馈的运行机制，不断提升弘扬革命文化的实效性。

第四，优化培育路径，创新革命文化传播方式。要把传统传播方式和新兴传播方式有机结合起来。长期以来，浙江通过讲好红色革命故事，唱好红色革命歌曲，诵读红色革命经典，瞻仰红色革命圣地等形式，传播红色革命文化，传承红色基因，在中老年群众中收到了很好的效果，值得继续坚持和发扬。但随着社会信息化的不断推进，革命文化传播路径传播方式亟待创新，特别是对于青年群体，要通过互联网、融媒体、大数据、云计算等智能化手段创造出更多更新的传播方式，让更多的人特别是年轻人乐意参与，乐于接受，让红色革命文化的传承更加生动活泼，更加切实有效。要高度重视青少年的革命文化教育。要充分调动全省的一切红色文化要素，全省域内的中小学深入开展革命文化教育活动，开发革命文化校本课程，瞻仰革命先烈，通过红色传统和红色精神的宣传教育，把红色革命基因深深根植于青少年的心灵和血脉之中，让他们真正树立起崇高的理想和坚定的信念，成为坚强可靠的革命接班人。要把"红色故事"和当今创业故事有机结合起来。在过去的战争年代，无数革命先辈为让中华民族站起来，冒着敌人的枪林弹雨，不怕流血牺牲，谱写了无数可歌可泣的动人故事。为了让浙江人民富起来强起来，浙江人民迎难而上，砥砺前行，各条战线都涌现出了一大批英模人物，展现了光彩照人的时代风貌。进入中国特色社会主义新时代，浙江儿女更应该不忘初心、牢记使命，攻关克难，锐意进取。浙江既要讲好昨天的故事，也要讲好今天的故事，既要讲好红色圣地的故事，也要讲好红色家园的故事，这样才能鼓舞人民群众创造更加美好的未来。

第三节　浙江打造先进文化建设高地

一定时期的经济政治社会发展水平决定了一定时期的文化发展水平，先进文化必然是由先进的生产力、生产方式、物质基础和上层建筑决定，同时先进文化会积极促进经济政治社会的发展。我国的社会主义先进文化是以马克思主义为指导思想，引导着现代科学技术和物质文明的发展，是完全符合人类文明发展趋势，完全符合中国社会主义生产力的发展，始终代表着最广大人民根本利益的文化。浙江先进文化融合了本地一切优秀传统文化，植根于当代我国社会主义的实践建设，展现了我国新的时代精神和民族精神，体现着人类发展的进步，符合我国社会发展方向，它直接反映了浙江人民对于精神生活的更高追求。

一　浙江文化建设的顶层设计

我国的先进文化是指以马克思主义为指导，以培养有理想、有道德、有文化、有纪律的"四有公民"为目标,面向现代化、面向世界、面向未来,具有民族性、科学性、大众性的健康积极向上的中国特色社会主义文化。

2003年7月,习近平立足浙江、站在党和国家事业发展全局的高度,把加快建设文化大省作为实施"八八战略"的重要内容。2005年,习近平在浙江工作时提出的文化建设"八项工程",即文明素质工程、文化精品工程、文化研究工程、文化保护工程、文化产业促进工程、文化阵地工程、文化传播工程、文化人才工程,为浙江省文化发展改革锚定了坐标、提供了科学指南。浙江历届省委高度重视文化建设,坚持一张蓝图绘到底、一任接着一任干,持之以恒地推进"八项工程",推动浙江文化发展改革迈上了新台阶,文化的力量深深地融入全省人民的创新创造之中,成为浙江经济社会发展的强大引擎。进入建设"重要窗口"的新阶段,"八项工程"仍然是指引浙江省文化建设的重要方略,是打造社会主义先进文化高地必须始终坚持的基本遵循。大力发展以党的创新理论为引领的先进文化、以红船精神为代表的红色文化、以浙江历史为依托的传统文化、以浙江精神为底色的创新文化、以数字经济为支撑的数字文化,增强浙江文化的辨识度和引领力。这五大文化为打造成为社会主义先进文化高地"立梁架柱"。① 2008年,浙江省委工作为了深入贯彻党的十七大和省第十二次党代会精神,在新起点上对文化建设作出了部署。② 2011年11月,浙江省委十二届十次全会通过《关于贯彻十七届六中全会精神推进文化强省建设的决定》,对加快推动文化大省向文化强省迈进作出新的谋划和布局。推进文化强省建设,是浙江省委对"八八战略"中"加快建设文化大省"顶层设计的进一步具体对接。党的十八大以来,浙江省委率领全省人民在新的时

---

① 浙江省政府文件:《打造与"重要窗口"相适应的社会主义先进文化高地》,三门县人民政府网,http://www.sanmen.gov.cn/art/2020/7/6/art_1229472540_59002907.html.

② 《浙江省推动文化大发展大繁荣纲要(2008—2012)》,《浙江日报》2008年7月11日。

代条件下兴起文化建设新高潮。2017年6月，浙江省第十四次党代会着眼于浙江发展新方位，提出"在提升文化软实力上更进一步、更快一步，努力建设文化浙江"的新目标。"建设文化浙江"，是浙江省委又一次围绕深入实施"八八战略"对浙江文化建设作出的新部署。2020年6月，浙江省委十四届七次全会提出了"努力建设展示坚持社会主义核心价值体系、弘扬中华优秀传统文化革命文化社会主义先进文化的重要窗口"的新目标定位。同年11月，浙江省委十四届八次全会进一步提出，努力打造新时代文化高地，形成有国际影响、中国气派、古今辉映、诗画交融的文化浙江新格局。2021年开始浙江高质量发展建设共同富裕示范区建设扎实开局，制定出台了一系列实施方案，编制"四张清单"，谋划实施"扩中""提低"等重大改革，启动28个首批共同富裕试点，承接财政部、民政部等15个国家部委的专项支持政策，40余家省级部门出台配套落实政策。① 2022年，浙江围绕打造新时代文化高地，搭建推进社会主义先进文化发展先行先试的"四梁八柱"，构建了"1+4+5+N"的整体框架，即一个目标、四大体系、五个指标、N个突破性抓手和重大改革清单。一个目标即围绕在共同富裕中实现精神富有、在现代化先行中推进文化先行，率先构建以人的现代化为核心的文化发展格局，加快实现人民群众精神生活高品质、文化供给高质量、文化治理高效能，充分展现人文之美、山水之美、道德之美、风尚之美，建设城乡一体、均衡协调的文化共享家园、精神富有社会，努力成为社会主义文化强国的省域范例；四大体系就是思想引领和传播、全域文明建设、公共文化服务体系、文化产品高质量供给；五个指标是每万人拥有公共文化服务设施面积、居民综合阅读率、文明好习惯养成实现率、社会诚信度、人均文化娱乐消费占比。

---

① 《政府工作报告摘要》，《浙江日报》2022年1月18日。

二 扎实推进"五大文化"建设，打造浙江先进文化高地

浙江省委十四届七次全会将"打造社会主义先进文化高地"作为加快形成具有中国气派和浙江辨识度的重要标志性成果之一。"五大文化"为打造社会主义先进文化高地"立梁架柱"，浙江着力推进"五大文化"发展，在擦亮浙江精神标识、建设浙江文化地标、构建浙江文化产业标杆、打造浙江对外文化视窗、推动浙江科技创新赋能特色等方面出谋划策。

第一，擦亮浙江精神标识。建设社会主义先进文化，打造浙江先进文化高地，需要大力弘扬"红船精神""红十三军精神""赣西南精神""一江山精神""浙江精神"等革命文化精神，守牢浙江人民的"根"与"魂"、"神"与"韵"，激励全省广大干部群众，切实发扬革命文化精神，将革命精神转化为"勇实践、勇探索、勇思考"的精神状态、"自主谋新篇、自觉奋开拓"的精神追求和"不畏艰险、顽强拼搏、担当使命"的精神力量。创新革命精神的传播方式，让革命精神根植于每个年轻人心中，转化为开创浙江美好未来的强大动力，为新时代继续奋进提供不竭动力。

第二，建设浙江文化地标。浙江谋划推进一批重大工程项目，打造之江文化中心、大运河世界文化遗址公园等一批新时代文化地标；系统实施一批重大遗产保护项目，着力推进西湖、大运河、良渚古城遗址等世界文化遗产的保护传承利用，高水平建设浙江省大运河国家文化公园；继续实施浙江文化研究工程，深入研究浙江精神的历史脉络、文化渊源和现实意义，深入研究中华传统文化中的"浙江基因"，深入挖掘阳明文化、和合文化、南孔文化、永嘉学派等的丰富内涵和时代价值，推进浙江优秀传统文化创造性转化、创新性发展。①

---

① 浙江省政府文件：《打造与"重要窗口"相适应的社会主义先进文化高地》，三门县人民政府网，http：//www.sanmen.gov.cn/art/2020/7/6/art_1229472540_59002907.html.

第三，构建浙江文化产业标杆。浙江切实发挥大平台大项目的示范带动作用，打造一批国家和省级重大文化产业和文化传承平台，深入推进大运河国家文化公园、之江文化产业带、诗路文化带、横店影视文化产业集聚区等平台建设，深入挖掘浙江传统文化的深厚底蕴和丰富资源，建设书香氤氲的江南书房。做大做强数字文化产业，把数字文化产业作为文化产业和战略性新兴产业发展的重要内容。①

第四，增强浙江文化传播影响力。习近平总书记在党的二十大报告中指出："增强中华文明传播影响力。坚守中华文化立场，提炼展示中华文明的精神标识和文化精髓，加快构建中国话语和中国叙事体系，讲好中国故事、传播好中国声音，展现可信、可爱、可敬的中国形象。"② 浙江是文化大省、旅游强省，有基础、有能力加强与世界各国进行人文交流合作，大力开展浙江文化"重要窗口"，通过讲好故事，把浙江好声音、中国特色社会主义好制度有效传播出去。为进一步扩大开放、推进浙江高质量发展注入持续不断的动力。如融通中外的话语体系讲好浙江故事。搭建国际文化交流平台，打造一批国际人文交流基地。加强对城市历史文化名片的挖掘和提炼，借助多媒体形式和多种渠道传播至海外。深度融入"一带一路"建设、长三角一体化发展等国家战略，实施文化交流合作计划，建设一批线上线下国际文化交流合作基地、平台，浙江学术外译项目，推动浙江优秀文学作品、图书、影视产品等走出去。③

第五，推动浙江科技创新赋能特色。浙江省委十四届八次全会把打造"互联网+"、生命健康和新材料三大创新高地作为"十三项战

---

① 浙江省政府文件：《打造与"重要窗口"相适应的社会主义先进文化高地》，三门县人民政府网，http://www.sanmen.gov.cn/art/2020/7/6/art_1229472540_59002907.html。

② 习近平：《高举中国特色社会主义伟大旗帜　为全面建设社会主义现代化国家而团结奋斗——在中国共产党第二十次全国代表大会上的报告》，《人民日报》2022年10月26日第1版，第45—46页。

③ 浙江省政府文件：《打造与"重要窗口"相适应的社会主义先进文化高地》，三门县人民政府网，http://www.sanmen.gov.cn/art/2020/7/6/art_1229472540_59002907.html。

略抓手"的"第一抓手",大力培育战略科技力量,加快科技自主、自立、自强,努力将浙江科技创新打造成最深厚、最底色、最鲜明、最具创新赋能特色的科技创新标识。近年来,浙江依靠科技创新解放和发展生产力,深入推进科技赋能山区 26 县高质量发展,制定科技赋能山区 26 县高质量发展实施方案,支持山区 26 县建设"创新飞地"17 个。全力推动区域协调发展,为率先突破发展不平衡不充分问题探路,充分发挥共同富裕示范区建设的科技支撑引领作用,不断深化科技体制改革,形成浙江特色的区域创新体系,促进由研发管理向创新服务转型。

第四章　一张蓝图绘到底：浙江文化建设四大体系高质量发展

浙江省位于中国地图上的东南沿海地区，地处长江三角洲的南部，是中国面积最小的省份之一，陆地面积10.55万平方千米，占全国陆地总面积的1.10%，邻省江苏面积有10.72万平方千米，占全国陆地总面积1.12%。北京市面积16410.54平方千米，天津市面积11966.45平方千米，上海市面积6340平方千米。2021年浙江全省的城镇化率为72.7%，全国排名第7位，江苏为73.94%，全国排名第5位。

就省内城市经济实力排名来说，浙江是中国省内经济发展程度差异最小的省份之一，2021年前三季度，浙江城乡收入比1.85，为全国31个省份最低。2021年，全体及城、乡居民人均可支配收入分别为57541元、68487元和35247元，比2020年名义增长9.8%、9.2%和10.4%，两年平均增长7.4%、6.7%和8.6%。[①] 经梳理，居民人均可支配收入排名第1位的是浙江义乌，达到77468元，已经赶超了北京、深圳、广州三大一线城市，仅次于上海。2021年，浙江省全省生产总值达到7.35万亿元，按可比价格计算，比上年增长8.5%，两年平均增长6.0%，[②] 排名全国第4位，2017—2021年五年

[①] 浙江省统计局：《2021年浙江经济高质量发展再上新台阶　共同富裕示范区建设扎实开局》，2022年1月18日。

[②] 浙江省统计局：《2021年浙江经济高质量发展再上新台阶　共同富裕示范区建设扎实开局》，2022年1月18日。

平均增长6.7%；① 排在31个省份第一位的是广东省，同年生产总值为12.44万亿元；浙江邻省江苏的生产总值则位居全国第二位，为11.63万亿元，截至2022年上半年，浙江省全省生产总值36222亿元，同比增长2.5%。②

浙江省是我国经济文化实力和潜力最大的省之一，浙江文化高质量发展的内容可概括为浙江文化四大体系的高质量建设，将全方位促成精神生活富裕。浙江文化四大体系围绕着"一个目标"，即围绕在共同富裕中实现精神富有、推进文化先行、构建新的文化发展格局等，将浙江建设成为社会主义文化强国的省域范例这一终极目标，从而搭建起"1+4+5+N"的大框架，其中"4"指的是四大体系，包括思想引领和传播、全域文明建设、公共文化服务体系以及文化产品高质量供给等。习近平总书记指出，要推动文化产业高质量发展，健全现代文化产业体系和市场体系，推动各类文化市场主体发展壮大，培育新型文化业态和文化消费模式。浙江文化四大体系高质量发展要求重点在于加快实现人民群众精神生活高品质、文化供给高质量、文化治理高效能。

如今的世界正逢新的一轮动荡变革期，人类面临着世界之问、时代之问，每个时代都孕育出代表其精华的思想，优秀的思想引领国家民族不断走向繁荣。中华民族伟大复兴的实现需要人民具有积极向上的精神力量，要建成富强文明和谐美丽的社会主义现代化强国，其重要任务是实现共同富裕，共同富裕需要"双向发力"，即不只是物质生活富裕，也包括精神生活富有。因此，浙江文化建设的高质量发展离不开浙江精神的引领，离不开习近平新时代中国特色社会主义思想的引领及其在浙江生动实践的广泛传播，同时高质量发展

---

① 浙江省统计局、国家统计局浙江调查总队：《浙江统计年鉴2022》，中国统计出版社2022年版，第2—3页。
② 《浙江上半年实现生产总值36222亿元，同比增长2.5%》，澎湃新闻，https：//www.thepaper.cn/newsDetail_forward_19163201，2022年7月25日。

要求不只是城市或农村、东部或西部各自发展，而是要求从全局出发，使得精神文明建设在全域动态性地达到平衡，要求从整体出发再细化到各个片区，循序渐进构建出完善、普惠、均等的公共文化服务体系，要求高质量文化产品的供给，"不断满足人民群众多样化、多层次、多方面的精神文化需求"[①]。

第一节 思想引领和传播

在精神文明共同富裕的建设中，思想引领和传播是一切建设的前提，是开展高质量文化建设的主心骨，因此应该提到第一位置，坚定理想信念是精神生活共同富裕的首要的基本的指标，包括不断学习贯彻习近平新时代中国特色社会主义思想以及普及社会主义核心价值观。长江三角洲区域的发展一直在国家经济社会发展中起到举足轻重的作用，自2018年习近平总书记将支持长江三角洲区域一体化发展定位为国家战略以来，长江三角洲区域迎来发展的上升期；2020年8月，习近平总书记对扎实推进长三角一体化的发展提出高质量发展的要求；2021年6月，中共中央对浙江高质量发展提出了新要求，共同富裕示范区在浙江落地。因此，浙江省对精神生活共同富裕思想引领和传播的力度和效果，直接决定和反映了浙江文化建设的总基调，具有举足轻重的影响力。

一 浙江文化高质量发展需要坚定理想信念

伟大的思想引领是浙江文化建设高质量发展的重要保障，是生动实践的原动力。在习近平总书记主政浙江期间，极其重视将浙江建设成为文化大省的战略决策，一张蓝图绘到底，用持之以恒的定力，一茬接着一茬干的决心，持续推进社会主义文化建设和精神文明建

---

① 习近平：《扎实推动共同富裕》，《求是》2021年第20期。

设，根据浙江得天独厚的文化底蕴和地理条件，实行"八八战略"，最后一条就是要进一步发挥浙江的人文优势，积极促进科教兴省、人才强省，加快建设文化大省强省，该条的制定凸显了发挥浙江优秀历史传统精神优势、在当代改革开放和现代化建设中发光发热、"在新时期新阶段必须与时俱进"①的时代要求的重要性，强调了须需加快建设文化强省的发展方向。党的十七大开始逐渐强调从"精神文明建设"转向"文化强国建设"，党的十八大以来，我国更是"把文化建设提升到一个新的历史高度"②。新时代，特别是我国进入新发展阶段，我们党和人民始终高举中国特色社会主义的伟大旗帜，坚持贯彻习近平新时代中国特色社会主义思想，深刻把握"两个确立"，坚决做到"两个维护"，在面对世界之问、中国之问、人民之问、时代之问的难题时，从伟大思想中找到方向，找到办法，找到答案，持续推进改革开放，用八年时间解决了近亿人的绝对贫困问题，带领全国人民全面建成了小康社会。

社会主义现代化文化强省建设需要物质文明建设和精神文明建设共同发力协调发展，如果不强调精神文明建设，社会主义文化强省建设就少了顶梁柱，社会主义文化建设就少了主心骨，就难以实现真正的共同富裕，软实力过硬的文化强省目标就成了无稽之谈。过去五年，浙江省在习近平总书记关于浙江文化建设高质量发展的指示下，把文化建设放在工作重点位置，深入学习贯彻落实习近平新时代中国特色社会主义思想，实行了一系列有效措施，文化强省建设和哲学社会科学体系构建取得了大幅度的进展，全省人民的文化精神力量得到了极大提升。

浙江全省大力宣扬社会主义核心价值观，坚定不移贯彻习近平总书记作出的指示，物质文明与精神文明协调发展，注重提升人民群众整体思想道德素质、科学文化素质以及社会文明素养，打造"最

---

① 习近平：《与时俱进的浙江精神》，《哲学研究》2006年第4期。
② 《习近平谈治国理政》第4卷，外文出版社2022年版，第309页。

美浙江人"大型评选活动,在全省域内挖掘"最美"的平凡老百姓和团体,为人民群众树立榜样和范例,弘扬中国精神、浙江精神,各地方不断加强改革、不断完善党的建设,加大学习党史力度、宣传伟大建党精神。开展基于浙江的文明城市创建。文明城市建设是在建设共同富裕的过程中,市民总体素质和城市文明程度不断提高。全国文明城市称号是反映国内城市整体文明水平的最高荣誉称号,而到2022年为止,浙江仍然领先其他省份,是全国唯一一个连续两届所有参评城市全部获牌的省份。

二 浙江文化高质量发展需要弘扬浙江精神

得天独厚的地理环境,养育了浙江人特有的浙江精神,由于水域发达交通便利,过去往来船只大量集中在浙江水域,经历过大迁徙和文化多元化的浙江人民的生产生活方式,既有农耕文明又有海洋文明的影响,读书和经商成为浙江人民血液中流淌的传承,造就了浙江人民兴学重教、耕读传家、勤耕苦读、创业创新的优良传统,如特有的"温州模式"展现了浙江人善于经商、敢闯敢拼的优良传统,为全国其他省份的发展也作出了巨大贡献。浙江省人才辈出,为我国输送了大量人才和知名企业,钱学森、苏步青、屠呦呦等科学家就是在浙江人文底蕴的孕育下开启了探索之路,阿里巴巴(中国)、荣盛、吉利等龙头企业就在浙江优渥的资源供养下茁壮成长,杭州更是成为互联网行业的摇篮和网红聚集地。世界船王包玉刚就是来自浙江镇海,是"宁波帮"的代表人物之一。成为世界船王后,包玉刚将自己的成就反馈国家,修建大学和图书馆,为无数学生提供了读书上学的便利条件,"落叶归根,建设家乡,热爱祖国"的宏伟志愿离不开勤俭自立爱国爱乡的家训家风,离不开浙江人由来已久的浙江精神。

浙江精神拥有悠久的历史文化,是民族精神和中华文明浓墨重彩的一笔,也是浙江人民的骄傲。追溯到远古时期,浙江在历史上就赫赫有名、载入课本里的人物比比皆是：大禹治水，三过家门而不入；越王勾践，卧薪尝胆，三千越甲可吞吴；岳母刺字，岳飞尽忠报国；王阳明心学，知行合一致良知；鲁迅，敢于批判现实，唤起中国青年和文人的爱国热情；等等。如今的浙江精神是经过历史沉淀和岁月淘洗所留下的精华，求真务实，诚信和谐，开放图强，以人为本，兼容并蓄，以及自强不息的气节，在经济快速发展，国内外局势急剧变化的今天，展现出与时俱进、生生不息的强大生命力。浙江精神世代传承，历久弥新，鼓舞着浙江人民励精图治，艰苦奋斗，使得浙江人民在精神生活共同富裕的指引下，在社会主义现代化先进省建设的康庄大道上稳步前进。

在党的带领下，适应新时期新阶段社会要求，继续弘扬浙江精神是浙江文化高质量发展的保障。"浙江骄傲"作为"最美浙江人"年度综合性选树品牌活动，已经连续举办了16届，旨在发现生活中的例子，大力宣传来自日常平凡生活里的代表，通过官方和民间推荐、全民投票和点赞、视频展播和专家评选等环节，最终评选出10个年度"最美浙江人·浙江骄傲"代表人物和1个年度浙江骄傲群体，用榜样的力量给人以奋发向上的影响，以先行者来为人们指引方向。2021年度"最美浙江人"的58位代表人物则体现了"建党百年"和"浙江高质量发展建设共同富裕示范区"的大时代背景下的各个行业面孔，东京奥运会上的浙江冠军团体创造了浙江奥运参赛史上的最佳战绩，金牌数位居全国第一，毫无疑问成为中国的骄傲更是浙江的骄傲；浙江大学机械工程学院院长突破了中国盾构机制造"卡脖子"的技术，成为学界和浙江的骄傲……一个个鲜活的时代楷模彰显出浙江老百姓深厚的浙江精神素养。

三 浙江文化在国际社会广泛传播的生动实践

在文化多元化的今天，坚定守住舆论主阵地，广泛传播主旋律是每一个中华儿女都应当具备的文化自信，同样地，浙江精神则是每个浙江老百姓的骄傲。浙江省坚持贯彻习近平总书记作出的物质与精神文明协同发展的重要指示，不断学习伟大建党精神，在全省域内传播正能量，文化建设得到有效实践，成果非凡，社会主义核心价值观不断深入人心，传承弘扬以及大力推广浙江本土优秀文化，人民整体素质和精神得到提高和涵养。以"浙江之窗"的定位向世界各国生动展示了"中国之治"的有效成果，以"浙江之答"有力回应了"时代之问"的灵魂叩问，作为"重要窗口"，浙江向整个国际社会直播了习近平新时代中国特色社会主义思想在浙江的生根发芽，以及浙江全省在习近平新时代中国特色社会主义思想指导下快速成长的过程和效果。

浙江省委及各地市委带领民众稳扎稳打，推广国家建设共同富裕示范区的办法，以示范村为代表，多领域实现联动，打破各区界限实现党建联盟，因地制宜实行片区组团带动全域，整合资源打造共同富裕先进示范区，将致力于打造新时代的文化高地摆在重要位置上，带动浙江全域进行高质量的文明建设，取得了优异的成绩。国际性论坛会议如中国共产党与世界政党领导人峰会、"中国治理的世界意义"、"中国共产党的故事——习近平新时代中国特色社会主义思想在浙江的实践"专题宣介会成功举办；向世界各国出版推广了大量多语种图书，例如《之江新语》《潮起浙江》《红船精神》等，全方位、多领域在国际社会上讲好中国故事、浙江故事；县域融媒体改革一马当先，为全国媒体提供经验，传统媒体和新媒体共同发力，重大新型主流传播平台建设实现重要进展，"天目新闻"客户端居全国同类媒体前列，"美丽浙江"传播矩阵总点赞量突破4亿次。①

主题为"诗画江南　活力浙江"的融媒体系列活动在宁波市成功举办，这次活动描绘出高质量发展共同富裕示范区的美好蓝图，

---

① 《浙江省文化和旅游厅关于印发推进文化和旅游高质量发展促进共同富裕示范区建设行动计划（2021—2025年）的通知》，浙江政府网，https：//www.zj.gov.cn/art/2021/8/16/art_1229278109_59126891.html，2021年8月16日。

该活动邀请了国际传播联盟代表、现下追求"流量为王"的新媒体代表——各短视频博主,以及传统媒体代表——电视媒体团队等来实地体验,采风团在下应街道湾底村的天宫庄园欣赏种类丰富的植物,亲身体验蔬果的乐趣;在鄞州区非遗馆制作虎头鞋,领略中华民族悠久的非物质文化遗产;在东吴镇天童老街欣赏宁波传统戏剧的奏疏表演,品尝当地传统特色小吃,听当地老人回忆邵家井文化;在明楼街道和丰社区学习古琴、书法、茶艺等宋文化;在咸祥镇参观著名音乐家马友友的故居,多方位领略咸祥神秘优美的"彩船文化",来自世界各国的友人在这里亲身走入宁波的古老文明画卷,体会到了"东乡十八街"的文化底蕴。

第二节　全域文明建设

全域文明建设是党中央对浙江文化高质量发展提出的要求,是四大体系中的核心部分,全域文明建设同社会主义精神文明建设同源,社会主义精神文明建设是范围更广的一项建设,包括思想道德建设和科学文化建设,要求将精神文明建设贯穿经济社会发展全过程,纳入社会主义现代化建设总体布局之中。全域文明建设,在内容上重点在于丰富省域内人民群众的文化生活,传承优秀文化;在覆盖面上,侧重点在于范围要广,以县乡镇文明建设为主要对象;在实施的顺序上,侧重点在于首先应当进行社会主义文化建设,即将思想教育引领放在第一重要的位置上,作为开展实践的前提。

一　全域文明建设的重点在乡村文明建设

全域文明建设的重点在于乡村文明建设,全域文明的高质量发展可以分为两个角度来解读,第一个角度是从地域划分出发,全域文明可以理解为包括文明城市建设、文明乡村建设在内的精神文明建设;第二个角度是从不同团体和领域出发,全域文明可以理解为以文明城区建设为龙头,文明家庭、文明社区、文明网络、文明企业、文明生态等各项群众性精神文明建设。

如同国家在共同富裕这一阶段性目标达成之前,首先走的一步一定是先让少数人富起来,先富带动后富,紧接着集中火力攻下最难啃的骨头,解决最穷苦人民的问题,打赢脱贫攻坚战是必经过程,只有完成对农村、基层、相对欠发达地区以及困难群众的经济状况的发展改革,才能轻装上阵,无后顾之忧地建设社会主义现代化强国的任务,才能紧锣密鼓顺利推进中华民族伟大复兴,继续向共同富裕的目标不断迈进。

习近平总书记在说明共同富裕时作出的指示,要求在物质生活达到富裕的同时也要达到精神生活富裕,在关于浙江高质量发展建设共同富裕示范区的意见中,提到了关于全域文明建设的方向,即"以满足人民日益增长的美好生活需要为根本目的,以解决地区差距、城乡差距、收入差距问题为主攻方向,更加注重向农村、基层、相对欠发达地区倾斜"[①]。

"三农"问题一直以来都是党和国家最重视的部分,脱贫攻坚战圆满完成后,"三农"工作重心转移到全面推进乡村振兴的战略方向上来,因此在推进共同富裕的要求下,大力实行农村精神文明建设成为不容推卸的第一要务,农村精神文明建设将持续不断地为全面乡村振兴建设注入源头活水。

党的十八大以来,习近平总书记高度重视农村精神文明建设,强调"农村精神文明建设是滋润人心、德化人心、凝聚人心的工作,要绵绵用力,下足功夫",由于物质和精神供给资源的相对匮乏,农村、基层、相对欠发达地区是全域文明建设的痛点,因此农村精神文明建设至关重要,文明乡村建设被放在全域文明建设的重要建设对象的位置上,是推行社会主义文化建设和全域精神文明建设的重

---

① 《中共中央、国务院关于支持浙江高质量发展建设共同富裕示范区的意见》,中国政府网,http://www.gov.cn/zhengce/2021-06/10/content_5616833.htm,2021年6月10日。

点和难点。乡村文明建设强调以提高村镇文明程度、村民整体素质和生活质量为目标,将乡村建设成为经济高质量发展、公共文化服务体系健全、文化和旅游高度结合高质量发展,文化产品高质量供给,乡风淳朴、环境优美、秩序严明、服务优质、管理优化,两个文明建设有机结合、协调发展的新时代全国乡村示范区。

思想可以引导群众,理论一经群众掌握,就会变成强大的现实力量,因此,在县城、乡镇、基层大力宣扬习近平新时代中国特色社会主义思想、社会主义核心价值观、浙江精神、浙江文化,是实施乡村振兴战略的应有之义。社会主义核心价值观是社会主义价值体系的内核,体现社会主义核心价值体系的根本性质和基本特征,反映社会主义核心价值体系的丰富内涵和时代要求,是社会主义核心价值体系的高度凝练和集中表达,包括国家层面的价值目标,社会层面的价值取向,以及公民个人层面的价值准则,内容丰富涵盖面广,具有教化人心提升素养的魅力,24字标语无论是在农村还是在城市都随处可见,大力提倡群众深入学习核心价值观,可以进一步提升农民思想道德素质,弘扬正气。浙江精神是以爱国主义为精华的民族精神、以改革创新为灵魂的时代精神在浙江的生动表现,是浙江世世代代人民群众的宝贵财富,其经历历史的淘洗历久弥新,一直到今日仍然激发着浙江人民群众的劳动热情和艰苦奋斗、勇于创新、勤耕苦读的精神。因此,持续不断地提升农村人民的思想觉悟、道德素养和文明自信是推进全域文明建设的金钥匙。

二 乡村文明建设的重点在于乡风建设

在推进全域文明建设中,推进乡村文明建设是关键,乡村文明建设同样需要乡村物质文化建设和乡村精神文化建设双管齐下,浙江在制定县域实现共同富裕的实施意见时,强调文化赋能,加快县域文化改革发展,推进全域文明建设的行动方向。

第一方面是坚持思想引领,普遍展开"80、90、00"青年宣讲、

"微党课""乡音宣讲""耕山播海"共同富裕宣传等活动，推进党的创新理论和先进文化理论"飞入寻常百姓家"，提升干部和群众的信心和激情。

第二方面是守卫红色文化，革命精神和革命文化是我们党的精神文化支柱，要加快推进红色文化资源挖掘，推动26县红色经典、革命故事进入中小学课堂、进入乡土教材，坚持擦亮"浙里红"红色文化旅游品牌，讲好红色故事。

第三方面是提升文明素养，致力于培养"浙江有礼"省域品牌，支持26县构建完善"德者有德、好人好报"工作体系，坚持加强公民思想道德素质。

第四方面是加强文旅融合，提倡实行"艺术乡建""艺术振兴乡村"等计划，致力于打造文旅融合发展新IP和地方金名片，经济发展和文化发展共同带动乡村振兴。

第五方面是增设完备文化服务体系，围绕目标县域，保质保量重点推进文化服务设施数字化、供给多样化、载体品牌化、服务均等化、投入多元化、运营系统化，目标是到2025年，确保26县域年人均接受文化场馆服务达到8次以上。

第六方面是跟随大数据信息化时代实行"互联网+"文化，集中力量推动26县跟随信息化发展带动网红直播经济、加快演出经营场所数字化转型进程，资源汇"云端"，推出"云娱乐""云演艺""云观展""云学习""云旅游"等沉浸式、体验型数字文化旅游项目。

第七方面是加大宣传推广力度，加强完善26县的融媒体中心建设，推动省级平台优质资源向县域倾斜覆盖，坚决守住基层新闻舆论主阵地。

第八方面是注重文化人才，重点挖掘、培养文化人才，整合资源，协调组建文化人才服务团队，遵照"一县一策"的行动方案，根据各县特点和优势因地制宜，以"生态保护前提下的点状开发利用"加快实现跨越式高质量发展、开展组团式结对帮扶等,加强26县文化人才引进和培养。

在乡村文明建设中,乡风文明建设起到了决定性的作用。因为乡风来源于悠久的历史沉淀,是乡村当地风土人情的集中表现,潜移默化地影响着当地人民群众的意识形态,是高度抽象的,需要用一定的表意系统的各种实践、现象与活动的形式表现出来,而乡风文明建设的效果没有经济建设与物质文化建设那样立竿见影,但是乡风文明建设的影响是深远的,并且随时间沉淀越发显现出巨大的影响。因此,建设文明乡村,不只是需要从政策上、设施上、文化产品上等一些外部举措来赋能和助力,更需要抓住乡风这一村民们精神上、文化上的依托来进行文明化建设。

第一,需要提高党和村民对于乡风文明建设的重要性的认识。有些地方,由于领导干部和村民们认识不够,轻视乡风文明建设,并没有任何有关于乡风建设的行动,导致没有形成良好的乡风,随着村里年轻人的增加和老人的减少,很多乡风没有被传习下来。也有些村庄没有跟随现代建设的步伐,没有进行乡风文明建设,仍然存留着与社会主义核心价值观相违背的旧风陋习,导致与现代社会格格不入,甚至遭到文明地区人民的严厉批判。随着党中央的大力号召,各地区都开始实施乡风文明建设的方案,但是有些地方也存在着"面子工程"的现象,表面上建成了文化活动中心,但建成后并没有人在活动中心举办文化活动,使其被逐渐荒废,成为村子里应付检查的摆件,村民们和村领导并没有意识到乡风建设能给村庄带来发展和变化,只注重立竿见影的经济建设和物质文化建设,这与认知有关,需要从思想上提高村民们和村里领导的认知。因此,有效措施可以包括在村内宣传社会主义核心价值观,定期举办宣传教育活动,组织集体学习习近平新时代中国特色社会主义思想,学习精神文明建设的相关文件,鼓励先进文明个人和先进文明家庭作为全村表率做讲座,带动村民的认知得到有效提高,认识到乡风文明建设对于整个村落乃至整个家族的深远影响。

第二，需要村领导和乡镇党组织以身作则，开好乡风文明建设的头。在乡村里，基层党组织就是党中央和最底层群众产生紧密联系的中间人，是和广大人民群众走得最近的组织，起到坚定堡垒的作用，肩负着向上反映群众问题、向下执行政策村规的艰巨任务，因此，基层党组织的思想不能掉队，要扮演好乡村领头人的第一角色，做好文明建设的表率。乡风文明建设是乡村文明建设的重要部分，基层党组织应当予以重视和作出行动，首先就是要提高认知和文明素养，必须认识到乡风文明建设的内容和特征，全面了解其意义和价值，这样才可以通过村民普遍能接受的方式方法来进行普及和推广。此外，基层党组织应当与时俱进，推进党建，加强学习，保持头脑清醒，集思广益，找到符合当地乡村的宣传方法，摒弃一劳永逸写大标语、喊口号的守旧做法，而应当用广受村民们喜爱的形式来进行乡风文明建设的宣传与动员。另外还要注意的一点就是应当把政策和理论口语化和简单化，以方便群众理解和学习，做到不光基层党员和村领导自己理解和学习精神文明建设的内容核心，也要调动广大村民的学习热情，做到真正的政策理论大众化。

第三，重视家族家训和家风的建设。在人的成长受教育过程中，家庭教育作为启蒙教育是我们首先接触到的，家族内的成员会对家风、家训耳濡目染，进而形成独属于该家族的处事风格和行为习惯，其会对一个人的世界观、人生观、价值观产生深厚的影响。"华人第一探长"李昌钰被誉为当代福尔摩斯，他的母亲对孩子们的家训很简单，是她的为人准则，也是教育后代的标准："待人要好，做事要专心，少说话，多做事。"就是这样直白简单的家训，教育出了13个名校博士，为社会作出了巨大的贡献。世界船王包玉刚，从小教育女儿们要勤劳节俭，热爱祖国，在他的教育影响下，四个女儿将家业回馈社会，捐赠多个学校和图书馆，造福社会。习近平总书记表示，家风是一个家庭的精神内核，也是一个社会的价值缩影。优良的家风和家庭美德贯彻了社会主义核心价值观的精神。如前文中提到的，正是一个个小家，组成了家园，构成了国家。因此，一个家庭家风积极向上，符合社会主义核心价值观的精神，那么该家庭的成员在这种家风的影响下，就会形成美好的道德品质和优良的个人素养，进而整个家园就会是和谐友爱的家园，整个国家的道德水平就会呈指数提高。家风家训是文化建设的重要一环，对个人的影响要远远高于其他方面的助力，因此应当予以重视和弘扬。

第四，应当客观看待传统乡风。传统乡风是中华优秀传统文化的组成部分，是独属于中国几千年文明的精华，是中国特色社会主义赖以依托的文化土壤。随着国家社会的经济发展，随着物质生活不断被满足，如果忽视了传统乡风传统文化的继承，我们的国家就会成为没有精神内核的无源之水、无脊之屋。如果一味追求物质生活需求的满足，使精神文化传统失传消亡，整个国家就缺少了精神命脉。因此，传统乡风是乡村文明建设中不可忽视的内容。然而，我们需要客观看待传统乡风，由于我们的文化博大精深，文明绚丽多彩，乡风文化是在不同时期形成并流传下来的庞杂的集合，因此并不能避免我们如今继承的传统乡风里遗留着不符合社会主义核心价值观的部分。所以我们应当客观看待传统乡风，取其精华、去其糟粕，继承和发扬乡风里艰苦奋斗、尊老爱幼、爱乡爱党爱国等美好品德，改进冗杂奢侈浪费的婚丧嫁娶，邻村之间互相仇视、重男轻女等不良风气，使得传承千年的乡风传统更好地适应现代社会发展的价值观。

三 文化治理高效能推动文明建设

全域文明建设的核心是中国共产党的领导，加强党对文明建设的有效领导作用，是提高文化治理效能的关键，共同富裕要求无论是物质生活需要还是精神生活需要，都应当在党的领导下有条不紊地进行。这就对浙江创建全域文明的党建工作提出了相应的要求，时刻牢记实事求是，注重实践，利用实践来检验政策和理论。精神文明建设具备意识形态的属性，因此更加不能忽视"两个维护"，以思想来指导实践指明方向，以实践反作用于思想，不断总结经验教训，完善理论。坚持党的领导最基本的要求就是将话语权和领导权紧紧掌握在党的手中，基于此对党的文明建设工作提出要求：首先，应该做到党建工作不分神不走神，坚持党建工作和中心工作"一同谋划、一同部署、一同考核"的总步调，做到硬实力和软实力同步增强、收入水平和道德水平同步提高、经济发展环境和城乡文明环境同步改善；其次，要求我们党具备问题导向和目标导向，应做到整合资源，调节差距，全域推进精神文明建设，精神文明建设是体系的构建，尽最大努力做到城市和农村之间、网上和网下之间、社会文明程度和公民文明素质之间达到动态平衡，向实现全体文明、全域文明的目标努力奋斗，将精神文明建设普惠为老百姓的福祉和可以共享的公共产品；再次，需要对整个体系构建的过程进行监督和把控，防止"一刀切""一阵风"，聆听群众心声，从群众中来，到群众中去；最后，不遗余力统筹整合资源，推进各个领域精神文明建设，实现全域文明高质量发展，以良好精神风貌建设社会主义精神文明。

建设文明乡村，文明城市，要求在干部领导下将浙江建设成为全域精神文明建设的省域示范，将各地方县城打造成为全国县域的示范区。浙江省委决定从五个方面推动示范区的建设。

第一个方面是全域文明创建行动。以文明乡村建设为重点，以县城为单位大力推进"五创协同、城乡一体"全域文明创建，打造文化高地，设立文明典范城市，推动文明实践实现全覆盖，致力于精神文明建设朝着高层次、高质量的全域化方向发展。

第二个方面是"浙江有礼"省域文明实践行动。贯彻践行社会主义核心价值观，将其入法入规，深入实施公民道德建设工程，推进时代新人培育工程，逐渐培养和新时代社会主义现代化适配的思想观念、精神面貌、文明风尚、行为规范。凸显"浙风十礼"文明实践素养，搭建言行若一的"浙江有礼"省域文明实施系统，擦亮"礼让斑马线""就餐不浪费""聚餐用公筷""垃圾要分类""排队守秩序""浙江好家风"等文明宣传页。

第三个方面是"最美浙江人"引领示范活动。完善重大典型培育、宣传、关爱体制，构建包括时代楷模、道德模范、"最美浙江人"、身边好人等为代表的时代文明矩阵，完善和健全"最美浙江人"品牌效应放大叠加体制，努力推进社会诚信建设，鼓励提倡影响浙江省域内每个人成为代言人，用社会主义精神文明领跑人的现代化。

第四个方面是志愿者精准触达行动。鼓励"众帮和美，志愿浙江"志愿者平台创建，完善志愿者招募注册、社会诚信、嘉许回馈机制，探索志愿者服务融入学校教育、学分管理、学位评价以及社会就业、荣誉授予，深化志愿服务向体制完善、流程规范、品牌闻名的方向发展，实现年参与志愿服务者高达一千五百万人次以上。

第五个方面，也是最重要的方面，即网络文明提升行动。如今网络已成为人们生活环境必不可少的组成部分，实施网络内容建设工程，推进争当中国好网民工程，深化网络文明创建，做好老年人用网关爱工作，加强未成年人网络保护，构建网络文明教育、实践、监督体系，打造网络文明示范区。

四 浙江打造全域文明体系的现实基础和成就

浙江全域文明体系离不开浙江深厚的文化底蕴、富饶的经济基础以及紧跟党走的觉悟。

首先，浙江自古以来就是我国教育发达之地，人文荟萃，人杰地灵，人均素质普遍较高，追溯到古代，浙江的状元数量仅次于江苏，新中国成立后，浙江籍的中国两院院士数量也仅次于江苏籍的两院院士数量位居全国第二。公而忘私、艰苦奋斗的大禹文化，文明之始、勇于开创的黄帝文化，具有人文精神、科学精神以及爱国情怀的宋韵文化，又"真"又"美"、包容共享的和合文化，知行合一致良知、我心光明的阳明文化，代表东方文明的丝瓷酒茶产业文化，以及经世致用的浙学，等等，使浙江大地到处闪烁着文化的光彩，彰显了浙江深远厚重的文化积淀，为新时代新阶段的浙江精神提供了扎实的文化功底。

其次，浙江物资富饶，山美水美，自古以来就是我国的繁华之地，"东南形胜，三吴都会，钱塘自古繁华"描绘的就是浙江一带的盛况。浙江是历朝历代重点发展的对象，是古代财政收入最重要的来源地。

最后，浙江文化中最为耀眼的、特有的即由来已久的爱国血统，我们党就是在浙江嘉兴南湖的一条红船上走上了带领全国各族人民奋起反抗外来侵略、争取民族独立、国家富强和中华民族伟大复兴的艰苦卓绝的道路，"历史文化、革命文化与现代文化的交相辉映，使浙江文化闪耀出夺目的光彩"①。

在我国完成全面建成小康社会的奋斗目标后，我们党的工作重心转移到共同富裕的中国式现代化新道路上来。浙江作为共同富裕示范区，有了物质和政策作为支撑，作为浙江文化高质量发展的四大体系之一，打造全域文明建设成为继精准扶贫后的又一项重大工程。浙江省制定了一系列文件，旨在加强乡村、基层、欠发达地区精神文明建设和革命老区振兴，缩短城乡差距，加快推进新型城镇化建设，推动城乡文明一体化，有效构建全域文明体系，切实推动共同富裕。

在推广省域文明品牌方面，打造了"浙江有礼""最美浙江人""最美杭州""文明圣地亭市有礼""人行横道礼让""史上最温暖图书馆""最美妈妈""西湖书市"等文明品牌。日常生活中在平民中抓文明，让广大群众有参与感，让文明建设深入民心，浸入基层，

---

① 习近平：《与时俱进的浙江精神》，《哲学研究》2006 年第 4 期。

同时向外大力宣传本土文明品牌，将浙江的"精品"推向全国，推向国际社会。与此同时，完善体制机制，提升全域文明创建水平，疫情期间、台风期间践行"奉献、友爱、互助、进步"的志愿者精神，推进"众帮和美，志愿浙江"志愿服务互联网平台上线，精准触达机制改革，为文明建设保驾护航。

浙江各地方因势利导，全面推进文化强省建设。以慈溪市加强党建引领高质量推进乡村片区组团发展为例，慈溪市以打造具有高辨识度、高质量发展的乡村全面振兴示范区为目标，不断构建乡村高质量发展格局。党的十九大报告中提出的实施乡村振兴战略，是解决新时代我国社会主要矛盾、实现"两个一百年"奋斗目标和中华民族伟大复兴中国梦的必然要求，具有重大现实意义和深远历史意义。近年来，慈溪市农村基层党组织遵照"片区带全域，组团促互补"的理论思路，通过因地制宜实施片区组团发展，通过改革党建来强化组织领导作用，首先提出理论，接着建立试点，再到推广到全乡，以点带面。实施连体工程，整合资源发展片区组团规划，充分发挥农村基层党组织领导核心的战斗壁垒作用，构建党建统领的整体智治体系，促进乡村区域统筹、资源整合、产业联动，形成美丽乡村、美好乡村、美学乡村相融合的共同富裕乡村高质量发展联合体，这条创新性的乡村振兴发展实践路径和成功的实践经验，为乡村建设提供了宝贵经验。慈溪确定的第一个试点，就是崇寿镇傅家路村试点，党组织将乡村片区组团发展模式的理论完美融合到试点的实践中，带动周边两个村落一起建设，统一谋划，修缮道路、改善水质、提升治理水平，将村民的生活居住环境提升了一大截。此外，党组织整合三村资源，推动多项产业发展，做大做好片区的集体经济，一年内成功将集体经济提升了三成。

慈溪的匡堰镇是城区郊外的一个经济不景气的小镇，但它却是越窑青瓷器皿历史文化的发源地，山水环绕，拥有得天独厚的旅游资源。周边的岗墩村、倡隆村、乾炳村连成的片区，有着相似的文明和经济实力,也同样有着丰富的旅游资源。将匡堰镇与片区融合,整合优化四村资源,增加该片区核心产业竞争力,该措施2020年一经实施,就获得了丰厚成果。同年该片区游客在同期提升了近8万人次,农家乐产业盈利提升100万元,当地特产茶叶、杨梅的产值大幅增加,片区组团取得巨大成功。该模式打破各村之间的地域隔阂,整合优化各村资源,集中力量发展乡村经济和文化,为全国各乡村推进建设共同富裕示范区提供了可复制的"慈溪经验"。

2021年以来,浙江台州按照"片区带全域,组团促互补"的理论路径,也在全域推广党建联盟工作,以党建联盟为重要抓手,以示范村为龙头,以产业为核心,用共同发展助力共同富裕建设。以不改变原基层党组织的结构作为发展前提,构建示范村、园区、特色小镇党组织的党建联盟。按照"权与规划、一体设计、串珠成链、连片成景"的要求,重构土地利用、产业发展、居住环境、生态环境以及文化文明传承,增添公共服务设施,在各片区加设网格员实施"网格"治理。通过传统媒体和新媒体相结合,向村民宣传理论,将理论与故事相结合,讲村民听得懂的语言,利用成功实例和数据,结合乡风和村民的特点做到推陈出新,在提升乡村物质文明建设的同时,提升精神文明建设。

当今的中国已然屹立于世界民族之林,快速成长为世界最大的发展中国家,取得历经百年苦难的辉煌的伟大成就。我国坚定中国共产党的坚强领导,沿着中国特色社会主义道路,正向着富强民主文明和谐美丽的社会主义现代化强国大步迈进。

五 全域文明建设向何处去

"十三五"以来,文化产业转型升级,催生出一系列新业态、新模式,多元化、个性化的文化产业极大丰富了人们的精神文化生活。例如,随着数字货币使用的普及,人们的日常生活、娱乐、消费大部分都可以在网络上完成,逛街被浏览购物页面代替,养宠物被关注某位萌宠网红代替，外卖、团购、电影票、知识获取等都可在手机端和电脑端完成。"文化产业是一个朝阳产业"，因此浙江省全域文明建设应当紧紧围绕文化高质量发展这一主题来开展，抓质量，抓精神引领，抓覆盖面。

在社会迈入新发展阶段之际，新时代向我国经济社会发展提出了新要求，浙江省秉持党的十九大、十九届中央历次全会和党的二十大精神，努力打造在社会主义现代化进程中推进文化先行的示范省、示范区、示范村，完成了经济稳健恢复、共同富裕示范区建设如期举行、数字化改革全方位推进的重大成绩。文化和旅游高质量发展，围绕"致富之路、智力之源和精神之力"，紧扣发展不平衡不充分的主要矛盾，全面推进全域文明建设，以党建联盟统领推动基层治理体系和治理能力现代化，高质量推动乡村振兴"制度创新、数字赋能"两手抓，将浙江省域文化和旅游发展成果惠及全域民众，使群众的精神需求得以滋养，文化需求得以供应，在物质需求得到满足的同时，精神层面的需求也得以相应的满足，增加群众的幸福感，从多方面出发达到物质和精神的共同富裕。

为推进实现全域文明建设，浙江五年来坚持围绕不断解决不平衡不充分发展的主要矛盾，致力于缩短城乡、地区和收入三大差距，完成了"八个重要突破"，将浙江建设成为新时代的文化高地。与此同时，"浙江经验"的成功实践为全国文化和旅游系统提供了宝贵的参考标准，具有巨大的推广价值和可行性，并推动了全体人民向实现共同富裕的伟大目标不断迈进。在满足人民美好精神文化生活新需要方面，浙江致力于制作继承和弘扬中华文脉的"金名片"。

因此，浙江文化全域文明建设体系要想达到高质量发展，离不开在全域范围内坚持贯彻落实习近平新时代中国特色社会主义思想，离不开社会主义核心价值观的普及，离不开社会文化生活的改善，更离不开党为丰富人民群众精神文化生活、提高人民文化素养和道德涵养所实施的办法和举措。

深入思考建成社会主义现代化强国的方法途径，全体人民精神共同富裕也是一个整体性的概念，应该从空间上出发，不能单独划分，各自为指标，而应该从整体和全局上来看，在全面建设社会主义现代化国家的新征程中，需要我们一步一个脚印，一步有一步的效果，因地制宜，根据各个乡村和城市各自不同的特点，在动态同步中不断实现高质量发展。浙江作为先行省着力完善分配制度，统筹城乡区域发展，促进社会公平，促进民生福祉，提升浙江省人民的幸福感，激发全域人民对浙江文化的自信，倡导传承浙江精神，积极弘扬正能量，唤醒浙江省人民的认同感，以物质发展和文化发展一起促成共同富裕的奋斗目标。

浙江全域文明建设力求加速26县精神生活共同富裕的进程，到2025年，实现"15分钟品质文化生活圈""15分钟文明实践服务圈"等文化惠民工程全面覆盖、全域文明创建全面覆盖，其他文化发展主要指标保持全省平均水平。到2035年，26县与全省同步基本实现共同富裕，以人的现代化为核心的文化强省发展格局全面形成，全民共享精神富有、高品质文化生活。

第三节　公共文化服务体系

党的十八大以来，以习近平同志为核心的党中央将加快构建现代公共文化服务体系纳入全面深化改革的全局，不断完善公共文化服务体系。公共文化服务体系即以公共财产为保障，面向广大人民群众的文化属性的服务体系，以谋求社会效应为导向，具有非营利性以及社会效益性。其内容十分丰富，是主要为满足群众的精神需求进行的文化活动，包括几个方面，例如先进文化理论研究服务体系、文化知识传播体系、文化传播服务体系、农村文化服务体系、文艺精品创作服务体系等。公共文化服务体系的构建是浙江文化高质量发展的一项重要举措，主要任务是"完善公共文化服务体系，深入实施文化惠民工程，丰富群众性文化活动"①。在当代，建设高品质公共文化服务体系，对于建设社会主义现代化国家、建设社会主义文化强国、建设社会主义现代化强国、实现中华民族伟大复兴都具有重要的意义。

一 先进文化理论研究是公共文化服务体系的指南针

先进文化概念最早出现在 2000 年。党中央提出"中国共产党始终代表中国先进文化的前进方向"，在党的十六大报告中，阐述了发展先进文化的历史重任："在当代中国，发展先进文化，就是发展面向现代化、面向世界、面向未来的，民族的科学的大众的社会主义文化，以不断丰富人们的精神世界，增强人们的精神力量。"因此，我们当代的先进文化就是以马克思主义为指导，以培养有道德、有理想、有文化、有纪律的"四有"公民为目标，面向现代化、面向世界、面向未来的，民族的、科学的、大众的，具有中国特色的先进文化建设思想和理论，即在马克思列宁主义、毛泽东思想、邓小平理论、"三个代表"重要思想、科学发展观和习近平新时代中国特色社会主义思想指导下，与我国现阶段国情和社会发展实践相适应的、站在国际社会前沿的社会主义先进文化，还包括革命文化、中华优秀传统文化。没有社会主义先进文化的繁荣发展，就没有社会主义现代化。

科学的理论来自实践又指导实践，因此，对于先进文化的理论研究是建立公共文化服务体系的应有之义。今天的世界是快速变化的世界，今天的中国是快速成长的中国，为了适应新的历史阶段，我国的稳步发展必然需要有符合现阶段社会状况的理论创新、实践创新、制度创新、文化创新作为支撑。而作为首要的基本前提，先进文化理论是公共文化服务体系的思想引领和行动指南。为满足人民

---

① 习近平：《决胜全面建成小康社会 夺取新时代中国特色社会主义伟大胜利——在中国共产党第十九次全国代表大会上的报告》，《人民日报》2017 年 10 月 28 日第 1 版。

日益增长的对精神文化生活的需求，党中央十分重视公共文化服务体系的构建，在《国家"十一五"时期文化发展规划纲要》、党的十九大报告，以及构建社会主义和谐社会若干重大问题的决定等中央文件中都曾提出关于建立公共文化服务体系的要求。在文化高质量发展的前提下，建立与时俱进、推陈出新的先进文化理论体系，成为建立更完善、高品质、全覆盖的公共文化服务体系的重要引导和理论保障。

质量保障是公共文化服务体系建设的水位线。进入新时代，人民对精神文化的需求已经从"有没有、缺不缺"转变成了"好不好、精不精"。在文化建设中，守住"质量底线"已成为建设和发展的重点，如果一味求快求高，而忽略质量保障，就像地基不稳的千层高楼，最终会被风吹毁化为乌有。因此高品质的公共文化服务体系建设是浙江文化高质量发展的水位线。我国的文化目标是，到2035年，建成社会主义文化强国，"以高质量文化供给增强人们的文化获得感、幸福感"。

二　浙江公共文化服务体系建设初见成效

公共文化服务体系的建设包括公共文化服务网络的建设和公共文化服务的各项工程建设，具体为以大型公共文化设施建设为主体，在社区和乡镇基层文化设施的平台上，加强公共图书馆、艺术表演场所、青少年宫、纪念馆、非遗馆、博物馆、美术馆、广播电台、电视台、档案馆等公共文化基础设施建设。建设一批代表国家文化形象的重点文化设施，完善大中型城市的公共文化设施，在维护现有的博物馆、美术馆的基础上，基本完成乡镇有综合文化站，行政村有文化活动室，在中西部和其他革命老区、少数民族自治区、陆地边境地区和欠发达地区等土地广袤人烟稀少的地区配备流动文化服务车；要保障建设广播电视村村通工程，全国文化信息资源共享工程，社区和乡镇综合文化站工程。

2021年，浙江省委办公厅提出了浙江到2025年建成"新时代文化高地"的目标。

浙江认真贯彻落实中共中央加快构建覆盖全社会的公共文化服务体系的一系列指示精神，在公共文化服务体系优质均衡发展方面取得重要突破。

第一，公共文化服务保障不断加强，2022年中央支持浙江（不含宁波）公共文化服务体系建设补助资金的预算达到31884万元，整个浙江的公共服务体系建设补助占全国总预算的0.41%，有力促进了地方公共文化建设的跨越式发展，人民群众的精神文化富有性不断提升，精神生活共同富裕程度不断提升。

第二，公共文化设施网络不断完善，数字化改革向纵深推进，数字化改革的理念、思路、方法、机制深入民心，服务应用"礼堂家""全民阅读在线"浙江智慧文化云平台，数字化改革实践、理论和制度成果不断涌现。截至2021年，浙江共有公共图书馆102个，据浙江图书馆发布的《浙江省公共图书馆2021年度阅读报告》，2021年浙江有136万活跃借书人，其中"80""90"后居多，女性占比超过62%；浙江公共图书馆新增文献860.2万册，总收藏量10492.3万册。此外，浙江还有博物馆420家、综合文化站1366个，农村文化礼堂2万余家初步形成了健全的公共文化设施网络。并且浙江省还积极鼓励引导建设当地特色公共文化设施，统筹建设社区文化家园、城市书房、文化驿站、乡村博物馆、综合文化馆等，为群众开创了众多方便优质的公共文化活动场地。

第三，公共文化产品和服务日益丰富。不断有新技术应用到文化服务体系建设中去，用高品质服务体系保障民生、构建新发展格局，助力绿色低碳发展。浙江作为文化服务体系建设的优等生，向其他省份提供了可复制的实践经验，在社会主义现代化强国建设的要求下，浙江必须保证走好文化建设的每一步，承担好作为"重要窗口"向国际社会展示中国特色社会主义制度和理论优越性的责任。

三 公共文化服务体系建设的现实短板和工作方向

浙江的文化强省建设虽然取得了一定的成效，但是也面临着诸多现实短板。第一是在理论方面，部分地方和干部对共同富裕以及先进文化理论研究服务体系的学习不够深刻，对共同富裕、公共文化服务体系的内涵、规律把握不够，对推进文化建设工作的持续性和坚定性定力不足、认识不够，在工作和宣传中存在理论与实践相差甚远、目标与现实背离的问题，影响到党和政府在群众心中的威望与信任度，进而影响开展下一步工作。第二是在处理关于文化强省建设热点问题舆论引导和处理机制方面还有待健全。第三是有些地方文化基础设施建设资金匮乏，文旅融合模式较为单一，部分文化设施利用率不高，文化供给不均衡，供给对象不精准，具有全国性、国际性影响力和高辨识度的标志性文创成果较为缺乏，有待挖掘各地特色和优势建设文化服务体系。第四是各基层干部和群众的物质生活水平发展上去了，但精神文化建设，乡镇综合文化站工程没有充分发挥其影响力，还需进一步提升与文化高质量发展还有差距。要构建完善的文化服务体系，最艰巨繁重的任务是要兼顾各市县，以县为单位推进城乡一体，"促进大中小城市与小城镇协调发展"，要加强县域文化基础设施和公共文化服务体系，改善乡村村民的文化环境和氛围，推动产业发展、文旅融合、经济与文化融合，提高基础设施质量，增加基础设施数量，赋予基层党组织更多资源整合使用的自主权，以深化"千村示范、万村整治"工程牵引新时代乡村建设。

此外，浙江省的文化强省建设虽然稳居全国头部位置，但是，对比国内其他省份和国际社会的发达国家，浙江公共文化服务体系还存在着现实难题。首先，在文化传播服务体系上，缺少展示浙江形象的重大传播平台：理论发声平台方面，亟须创建在全国有分量、具有国际化影响的高端论坛和"重要窗口"；在文化知识传授服务体系上，缺乏新型智库、核心期刊；在先进文化理论研究服务体系上，共同富裕示范区相适应的理论体系、话语体系、传播体系仍未形成，习近平新时代中国特色社会主义思想在浙江生动实践的展示不够充分；在文化娱乐服务体系上，缺少像微博、知乎、公众号等级别的头部平台、新媒体平台、IP 等；在对外展示平台方面，在国际社会影响不足。其次，在文艺精品方面，浙江重大文化精品有数量，甚至也有"高原"，但是缺少"高峰"：如在理论精品方面，很有分量的理论研究成果较少，很有话语权的学者不够多；在文艺创作精品方面，反映新时代、新浙江、新气象、新成就的重大原创性著作较少；在文化标识方面，代表浙江新形象的文化品牌也还没有树立起来，文物安全保护体系也还不健全。最后，在乡村文化服务体系方面，文化高质量发展有待提升：在文化产业方面，产业核心竞争力和对经济增长的贡献率仍有较大提升空间，文化创意产业占比较低；在融合发展方面，文化与经济、科技、教育、旅游、建筑等领域融合程度不深；在文化生活方面，高品质文化产品供给不够；在政策支撑方面，文化政策系统性不够。

在百年未有之大变局之中，浙江面临的环境发生了空前变化，面临国际变局、思潮演变、公共危机、舆情风险、话语重塑、技术革新、社群重构等不确定性因素，因此，在发展机遇中也面临着巨大挑战。在新冠疫情暴发后，公共文化服务受到严重冲击，部分主要指标出现明显下滑，有些方面至今还未完全复苏。不过，群众可以在线上享受"云旅行"等服务。正是由于这些变量，理论创新、实践创新、制度创新和文化创新才显得尤为重要，因此需要干部和群众站在马克思主义的立场上，持续不断学习先进文化知识和理论，以其武装头脑，使思想与时俱进，练好内功、强筋健骨，推动文化强发展。

第四节 文化产品高质量供给

文化产品具有传播理论、思想、价值观以及生活方式的特点，具有普遍性、思想性、持久性和创新性，主要服务对象为广大人民群众，可以提供信息和娱乐，进而形成群体认同并影响文化行为。随着公共文化服务体系的健全，随着当前群众文化品位、鉴赏水平和经济能力的提升，群众对精神生活富裕的追求正朝着优品质、高品位、多样化、创新性的趋向发展，越发注重文化供给的质量以及形式和内容的新颖。而要提高文化产品供给的质量，应当首先提高文化产品供给能力，其次要推出更多符合社会主义核心价值观，体现革命文化、中华优秀传统文化、浙江精神，以及给予群众人文关怀的具有艺术性、思想性和观赏性的能引起群众共鸣的文化产品。

一 文化产品供给能力是高质量发展的保障

"文化产品供给能力是指能够向社会提供各种形式文化产品或服务的数量和质量。"改革开放以来，供给侧结构性改革扩大高品质文化产品供给是浙江文化高质量发展的保障，需要从三方面评估，其一是文化产品供给的数量和多样性，其二是文化产品供给的质量和品质，其三是文化产品供给的创新性和适应性。

第一，保量是文化产品供给能力的基础。全域文明建设和公共文化服务体系的首要基础要求就是扩大和丰富文化产品供给数量和内容，做到多层次、多样化，满足不同人群的需求。此外，还需要内容和形式丰富多样，实现多地区、全覆盖的目标。

第二，保质是文化产品供给能力的关键。如今群众对文化产品质量的需求已经超越了对数量的需求，对文化产品的品质、品位有较高的追求，因此，确保文化产品供给的质量是高质量发展浙江文化的关键。

第三，创新是文化产品供给能力的核心。理论需要随时代不断创新，文化产品的创新性决定了能否与时代契合，尤其是在科学技术迅速发展的当今，更需要不断推陈出新，适应群众越来越高的精神需求。

文化产业的实力决定了文化产品的供给能力。浙江的文化产业实力较强，文化产业增加值从2016年的2745亿元增加到2021年的5145亿元，占GDP比重从5.8%提高到6.95%，文化产业增加值居全国第三。浙江应继续加大供给侧结构性改革，提升核心竞争力和经济实力，加大投入文化创意产业，创建大型数字文化企业，扩大文化制造业、文化服务业等核心文化产业的数量和规模，提升本土核心企业的文化竞争力。

浙江省的文化精品供给能力领先全国大部分省份，拥有众多具有全国性影响力的文化品牌。过去五年文化精品创作生产取得重要突破，创作和生产了一批思想性和艺术性统一的文化精品，一批经得起历史检验的传世之作，实施新时代文艺精品创优工程，设立"之江潮"杯文化大奖。电视剧《鸡毛飞上天》广受观众欢迎；张小泉刀具、绍兴女儿红、知味观传统点心等品牌广为人知，深受群众喜爱；浙江传统节日在现代社会中更受青年人喜爱，中国国际钱江观潮节、兰亭书法节、杭州西湖国际博览会等活动举办时，精彩纷呈，游人云集；浙江的文化最能在民间艺术文化产品上体现，剪纸、杭州刺绣、越剧等表演场所，成为游客去浙江最想体验的"打卡地"。

但是，浙江的文化供给能力与国内先进省份以及其他发达国家的实力相比还有差距，在过去五年全国精神文明建设"五个一工程"奖评选中，浙江省的获奖作品数量仅排在北京、上海、广东之后。

因此，浙江研究了国内外文化评价指标的构成，结合长达10年的文化发展指数测评经验，建成了文化强省的指标体系，包含一个综合指标体系、五个专项指标体系共44项具体指标。并对今后五年的文化产品供给目标作了整体规划，聚力创建国际影视文化创新中心，建设"双百结对"26县文化共同体，打造"一村一品"乡村文化品牌；擦亮"最美浙江人""最美杭州"等品牌；打造文艺精品高地高峰，使文艺精品创作生态链更加完善，聚力打造大批具有中国风格、浙江特色的精品力作；全面推行公众人文素养提升计划、公民艺术普及计划，推进文化产品和服务数字化，实现文化活动线上线下联动，建设人文城市、人文乡村。

二 给文化产品高质量供给装上引擎

浙江革命文化是中国革命文化的重要组成部分，是中国革命文化的根与源，给浙江文化产品装上红色引擎有利于唤醒浙江人民的认同感。新文化运动之后，在浙江开启了多场革命运动，成立了中国共产党，马克思主义理论得到广泛传播。因此，浙江红色文化是中国共产党的根，我们应当时刻牢记自己从何处来，向何处去。浙江有着悠久的红色文化历史，浙江人身上流淌着红色基因，浙江作为红色文化的起源地，作为"红色根脉"孕育了中国共产党的初心和使命，浙江文化是浙江精神的生命之源和力量之源。"开天辟地、敢为人先的首创精神，坚定理想、百折不挠的奋斗精神，立党为公、忠诚为民的奉献精神，是中国革命精神之源，也是'红船精神'的深刻内涵。"[①]

浙江文化产品高质量供给不断唤醒人民群众的认同感、红色血脉和激情，激发干部和群众引以为傲的内在情感，而这需要将文化产品与红色文化结合，加快推进浙江红色文化资源挖掘，推动26县红色经典、革命故事进入中小学课堂、进入各种教材，擦亮"浙里红"红色文化旅游品牌，使红色文化产品成为浙江人民乃至全国人民都自豪的浙江特色、民族特色的产品，向国际社会讲好红色故事。只有民族的、大众的作品才是真正高质量的作品，才是真正能打动人

---

① 习近平：《弘扬"红船精神"走在时代前列》，《光明日报》2005年6月21日。

的作品，文化产品的创作应紧紧围绕践行社会主义核心价值观，围绕红色文化、马克思主义，以及我国先进文化理论展开。

三 文化产品供给要找准对象精准投放

第一，文化产品划分对象"精准投放"有利于提高文化产品普及度和接受度。现在的调查研究和算法可以大幅度提高人物画像的效率，找准文化产品相应的受众有利于实现资源利用率最大化。虽然浙江已经具备较为完善的公共文化服务体系、多项文化精品，但是仍然存在供给不均衡、文化设施利用率不高等问题。如果找到目标受众对其提供相应产品，就会使得文化产品资源利用率接近百分之百。

第二，有利于丰富文化产品的多样性和个性化。不同受众的文化产品需求存在着差异，要充分满足全域人民群众的精神需求，就需要提供不同领域的文化产品，这就倒逼文化产品种类和供应手段不断丰富充实。

第三，有利于实现人民群众满意程度最大化。"量身定做"的产品不仅可以满足受众的需求，其便利性和针对性更容易获得被供给群体的好评，吸引潜在受众参与，扩大参与群体，收到的反馈也具备针对性。

除了描绘人物画像、以个人为单位精准投放，还可以以年龄划分为单位纵向投放供给。近年来，中国家长对学生的教育投资越发重视，博览群书、学习古籍、穿汉服、逛红色文化旅游胜地成为中小学生的日常活动。长久以来，教育竞争一直是家庭关注的重点，"双减"政策落地，使得聚焦成绩的家长和学生们回归本真，近几年来越来越多的家庭重视文化熏陶，多样、高品质的符合中国少年儿童成长特点的文化产品和服务的供给，可以有效帮助青少年树立正确的世界观、人生观和价值观，可以帮助青少年了解中国优秀传统文化和革命精神，从而对其成长产生深远影响。因此，浙江各地应多举办面向中小学生的文化活动,助力青少年成长,使文化产品发挥启蒙的作用。除少年儿童群体外,当今青年人的精神需求在科技发展迅速的社会中亦占据着十分重要的位置,2020年北京师范大学新闻传播学院发布的《新青年新消费观察研究报告》中指出,19—35岁的移动互联网用户达6.5亿,数据证明青年群体已经成为中国互联网的消费主力军,其对于文化产品有更多需求,因此要创作和生产能够提高社会群体满意度的文化产品,首先应当提高占据精神需求大军的青年人的积极性,例如加大力度创作、生产和推行贴近青年人生活的软件、书籍、电影、网络剧、微电影、音乐等高质量文化产品,同时,向青年人输出社会主义核心价值观,从思想上和物质上激励青年人投身于浙江文化高质量发展建设中来,鼓励青年人从事志愿活动,结合"浙江有礼"省域文明新实践,开展文艺志愿服务"三万"工程、文艺志愿服务走进山区26县巡演等活动,建立好志愿浙江"有礼讲堂"专区,发挥文化产品的思想性。此外,基于浙江城镇化全国靠前的优势,要加快推进城乡一体化,联动和激活全域文明建设,既要供给满足符合城市居民需求的文化产品,也要兼顾满足农村居民的文化产品需求,针对不同人群的特点推出不同的文化产品,使城乡文明建设达到动态平衡、均等。围绕孤寡老人、残障人士等重点照顾人群,也应加快构建助老助残志愿者精准画像、专业培训、以时间币为主要形式的奖励,激励一体化的"时间银行"浙江模式,指导区县开展时间银行志愿服务县域模式试点工作。以点带面,建设可复制的试点经验,例如嘉兴平湖市试点建立平战结合应急志愿服务机制,构建组织领导、社会动员、资源整合、保障一体化闭环系统;宁波镇海区试点"时间银行"养老新模式;湖州南浔区试点以"帮有礼"为浙江有礼突破性抓手,打造"家园志愿"志愿服务品牌,构建以落地社区为特色的邻里互助志愿服务精准触达标准等,先因地制宜重点小范围打造完善体系,再形成模式扩展规模,最后连点成面,将浙江建设为高质量文化强省。

第五章　一张蓝图绘到底：浙江文化强省建设的指标研究

　　精神生活共同富裕作为一种国家战略，既要在理论上阐明其深刻内涵、重要意义，更要在实践中摸索其实现路径。浙江欲打造文化强省，就需要把精神生活共同富裕摆在重要位置。习近平总书记指出，当前我们处于百年未有之大变局的条件下，国内外形势严峻复杂，正在经历深刻的变化，要准确把握前进路上的种种挑战，不仅要有坚实的物质文化基础，更要有丰富的精神文化。浙江省着力建设高质量发展共同富裕示范区，人民群众迫切希望更丰富、更充足的精神文化生活，社会呼唤文化发挥引领潮流、塑造人心、促进发展的作用，这就需要不断解决发展不平衡不充分的问题。科学技术的不断深化和广泛发展，正在深刻影响着文化的生产方式与传播方式，大数据互联网已经成为影响文化传播力的关键引擎，要持续推进科学技术变革带来的文化转型。面对当前的新形势和新任务，要不断增强文化自信，不断推进物质文明和精神文明协调发展，不断创造浙江省文化发展的新辉煌，更好地谱写社会主义现代化先行省的新篇章。

　　2022年10月16日，中国共产党第二十次全国代表大会开幕。习近平总书记在党的二十大报告中指出，我们要建成社会主义现代化强国，"必须坚持中国特色社会主义文化发展道路，增强文化自信，围绕举旗帜、聚民心、育新人、兴文化、展形象建设社会主文化强国……增强实现中华民族伟大复兴的精神力量"①。突出了文化建设在社会主义现代化建设中的重要作用，同时也指明了在中国特色社会主义新时代必须大力推进社会主义精神文明建设。浙江打造高质量发展共同富裕示范区的"四梁八柱"，就要把握好关键着眼点和重要抓手，注重解决不平衡不充分发展的问题，坚决落实以人民为中心的战略政策，促进人民美好生活的体验。在促进物质文明共同富裕的过程中，注重精神文明共同富裕建设，不断提升浙江的文化软实力和文明程度，为把浙江打造成社会主义文化高地而接续奋斗。而要实现建设精神生活共同富裕的目标，首先就要有反映精神文明状况的参考指标体系。当前，经过研究探讨，衡量物质生活共同富裕已有多项测定指标，如人均收入水平、基尼系数、人均预期寿命等，但精神生活共同富裕的指标还有待进一步明确并深入探究。

当前，学界对"共同富裕"的指标体系进行了许多研究，达成了一定的共识。在探讨共同富裕指标体系的同时，也涉及精神生活共同富裕的指标界定问题。有代表性的研究如下：韩保江教授研究了全体人民共同富裕的定量指标测度体系，指出一级指标包括"经济发展""社会结构""居民收入与财产""公共产品可及性""人民生活质量""收入分配公平度""生命健康"，其中"人民生活质量"的二级指标包括"城镇调查失业率""全国商品住宅房价收入比""全国居民恩格尔系数""全国居民人均教育文化娱乐支出""全年国内游客"5项指标，②显然，"全国居民人均教育文化娱乐支出"和"全年国内游客"两项指标就涉及精神生活共同富裕问题。有的学者认为共同富裕是生活丰裕、生态优美、社会和谐、公共服务体

---

① 习近平：《高举中国特色社会主义伟大旗帜　为全面建设社会主义现代化国家而团结奋斗——在中国共产党第二十次全国代表大会上的报告》，《人民日报》2022年10月26日第1版。

② 韩保江：《实现全体人民共同富裕：逻辑、内涵与路径》，《理论视野》2021年第11期。

系完善的富裕，因而设计出一级指标为：公共服务体系完善程度指标（包括公共文化、公共医疗卫生、公共就业、社会保险、公共住房、环境保护公共服务体系）、人类发展水平指标、最低工资标准指标、最低生活保障标准。[①] 其中提到公共服务体系完善程度一项，就涉及精神生活富裕问题。还有学者也对共同富裕的指标体系进行认真设计。例如，有的学者认为共同富裕不仅要满足物质层面的需要，也要满足人民大众对政治权利、文化产品及服务等精神层面的需要，提出要将"共同"和"富裕"统一起来。[②]"共同"表明全体人民共同享有平等的发展机会和成果，应采用体现差异性和共享性的双维指标来评价；"富裕"用来表征全国人民的平均生活水平达到丰裕的程度，其中，涉及精神生活共同富裕的指标内涵为"居民家庭文体旅游消费支出比重"。有的学者就精神生活共同富裕强调了三个基本维度：一是社会能为人们提供的精神生活条件，二是个体对精神生活享有程度的衡量，三是国民精神状态与个体精神追求境界。[③]

相对于物质生活共同富裕指标体系的外显性、客观性和明确性等特征，精神生活共同富裕具有内隐性、主观性和粗略性等特征，无法精确量化，也难以准确预测。因此，在具体的实践环节，不同的地方还需要根据自身的情况，采取定性与定量双指标结合的方法，对其精神生活共同富裕水平作出衡量。2021年浙江省出台《推进文化和旅游高质量发展服务共同富裕示范区建设行动计划（2021—2025年）》，根据五年发展目标设置了"文化和旅游高质量发展""旅游对乡村振兴的贡献度""促进区域协调发展""丰富群众文化和旅游生活""满意度和安全率"五大发展指标。[④] 其中，"丰富群

[①] 李军鹏：《共同富裕：概念辨析、百年探索与现代化目标》，《改革》2021年第10期。
[②] 杨宜勇、王明姬：《共同富裕：演进历程、阶段目标与评价体系》，《江海学刊》2021年第5期。
[③] 《中国文明强国建设的意蕴》，《中国社会科学报》2022年8月29日。
[④] 《浙江省文化和旅游厅关于印发推进文化和旅游高质量发展促进共同富裕示范区建设行动计划（2021—2025年）的通知》，浙江省政府网，https://www.zj.gov.cn/art/2021/8/16/art_1229278109_59126891.html，2021年8月16日。

众文化和旅游生活""满意度和安全率"两大指标内含精神生活富裕的内容。五大指标又分为几个子指标,彰显了浙江省精神生活共同富裕建设的试点成果,具有良好的示范意义。2021年12月,德清发布全国首个《县域精神富有评价指南》,设置了"道德品德""文化生活""社会风尚"3个一级指标和"职业道德""家庭美德""个人品德"等11个二级指标。① 尽管评价指标在县域层面进行,但其设计思路也具有借鉴意义。

第一节 公共文化服务

公共文化服务水平在文化强省建设和精神生活共同富裕中发挥奠基性作用,反映人们可以享受的文化生活丰富程度。该水平体现为更多方面:每万人拥有公共文化设施建筑面积、人均文化和旅游事业费支出、人均体育事业经费、人均接受文化场馆服务次数、公众对公共文化服务满意程度。因此,我们可以通过几个指标——分析浙江精神生活共同富裕程度。

一 按不同指标分析公共文化服务程度

(一)公共文化设施服务

2022年,习近平总书记对浙江提出,要加快建立覆盖全社会的较为完善的公共文化服务体系,不断为人民群众提供更丰富的公共文化服务,尽早实现公共文化服务均等化。浙江省积极响应习近平总书记提出的方针政策,不断加大文化建设的投入力度,加快建设基本公共文化服务设施。当前,浙江音乐学院、浙江自然博物院、浙江百花艺术中心等公共文化设施已经建成,杭州国家版本馆分馆、之江文化中心等重大文化地标已建成公共图书馆、文化馆、博物馆、

---

① 《德清发布全国首个县域精神富有评价标准》,浙江新闻网,https://zj.zjol.com.cn/news.html?id=1776463,2021年12月13日。

美术馆等文化服务场馆已达标,农村文化礼堂实现500人以上行政村全覆盖。极大地丰富了人民群众的精神文化生活。如果要持续提升公共文化服务设施的质量,需要在省域、城乡、人群之间共同发力,争取率先实现健全的公共文化服务体系。(如图5-1)

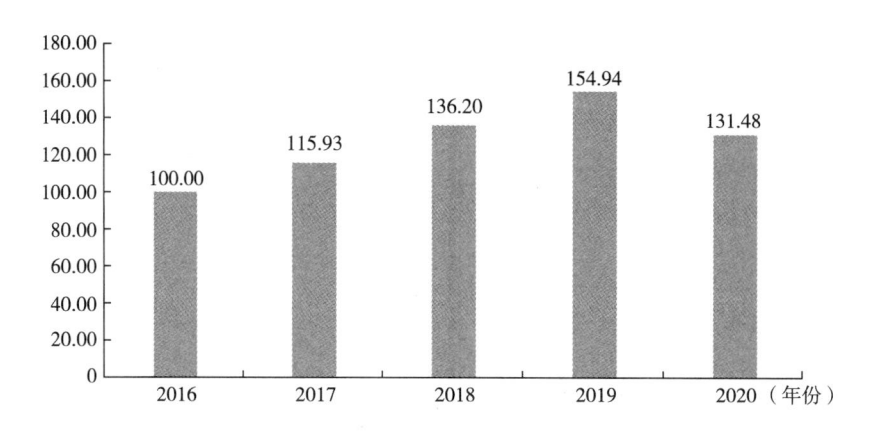

图5-1 全省公共文化服务力指数变化①

数据:2016年100.00;2017年115.93;2018年136.20;2019年154.94;2020年131.48。

首先,树立了优质公共文化服务协调共享的示范省域。主要推动三个方面提升:一是设施网络。加快建设现代公共文化服务体系先行省,扎实推进百亿文化设施建设工程、百城万村文化惠民工程,建好用好农村文化礼堂、城市书房、文化驿站、乡村博物馆等设施阵地,深化未来社区、未来乡村文化落地机制改革,打造"15分钟品质文化生活圈",建设国家公共文化服务体系示范区。高质量推进广播电视传输网络建设,健全应急广播电视网络体系。二是内容供给。不断推动基础公共文化资源融合,加强基础公共文化设施运作和基层单位媒体建设、新时期文化实践结合,实行公共文化设施和旅游业各项服务结合试点工作。全面推行公众人文素养提升计划、公民艺术普及计划,推进文化产品和服务数字化,实现文化活动线

---

① 《关于未来五年文化建设重大问题的研究报告》,中国政府网,http://www.gov.cn/zhengce/2022-08/16/content_5705612.htm,2022年8月16日。

上线下联动，建设人文城市、人文乡村。三是服务能力。建立健全高品质公共文化机构标准体系和公共文化服务标准体系，打造一批中国特色、世界一流、有浙江辨识度的艺术馆、博物馆和图书馆，扩大公共文化服务的免费开放度，让更多不同年龄的群体可以享受公共文化服务场所，打造全体人民全面较优的生活文化环境。积极推进社会广泛力量进行基层文化建设，提振公共文化设施效果，促进优质公共文化服务协调共享，朝着专业化方向发展。

其次，推进城乡公共文化服务体系一体化建设。目的是进一步完善优质建设精神生活共同富裕的文化体制机制，从而满足人民群众对美好生活的向往。一是加强对现代公共文化服务设施的建设。加快推进多项文化设施实施工程，完善众多基础项目文化设施，建设浙江社科中心、浙江音乐厅新馆等新时期文化场馆，创办电影学院营造积极的文化氛围。浙江省进一步助推实现百城万村惠民工程，完善基础设施建设，"十四五"期间全面实现"市有五馆一院一厅、县有四馆一院、区有三馆、乡镇有综合文化站、农村有文化礼堂"①，市、县、乡三级文化基础设施达到全覆盖的效果。推动全方位、多方面的文化发展，促进未来城区和乡村协调发展建设，优化城市公共空间结构布局。在住宅建设上，坚决贯彻响应浙江居民住宅区基础设施配套标准，建设住宅区包括新建、改建和扩建均按每套不少于 0.12 平方米、总面积不小于 50 平方米的标准建设基础设施用房，室外活动场地按照不少于 100 平方米的标准建设。努力拓展"社区和企业文化家园""城市书房"等公共文化服务形式，加强基础文化设施的建设，例如文化广场、文化街区和文化公园等。二是强化高品质公共文化服务供给。在完善公共文化设施建设的同时，推进公共文化服务供给侧结构性改革，积极发展新闻媒体、文学影视、广

---

① 《省发展改革委　省委宣传部关于印发〈浙江省文化改革发展"十四五"规划〉的通知》，浙江省政府网，https://www.zj.gov.cn/art/2021/6/30/art_1229203592_2306946.html，2021 年 6 月 30 日。

播艺术、哲学社会科学事业，打造并繁荣文化产业。不断探索浙江文化保障卡制度，打造优质城乡一体化服务，如"15分钟品质文化生活圈""15分钟文明实践服务圈"，奠定人民对美好生活向往的基本保障服务。还要加强高雅艺术进校园等服务，推广普及民歌、舞蹈、交响乐等文化艺术，助推高雅艺术进学校、农村、社区和企业，多方面多层次满足人民群众的精神文化需求。加强落实创新驱动发展战略，推动公共文化服务供给机制的创新升级，使公共文化基础设施向更广泛的范围开放，拓展晚间公共文化服务供给，从而提升公共文化资源的利用效果。通过文化艺术振兴乡村，大力推动文化下乡和"文化走亲"活动，为农村播放公益电影，把乡村系列文化活动如"千镇万村种文化""我们的节日"办好。注重上下级联动，推进省市县乡村五级文化联合创办活动，进一步建设乡村"三团三社"文艺团队，助推基层单位与省市单位的文化活动交流融合，扩大基层优质文化活动和服务供给。

再次，促进人群公共文化设施保障体系。一是需要全面压实目标任务。到2025年，"15分钟品质文化生活圈"覆盖率100%，建成城市书房1500家、文化驿站500家、乡村博物馆1000家。市县乡三级公共文化设施覆盖达标率100%，图书馆文化馆一级馆率100%，乡镇（街道）综合文化站一级站以上比率75%以上。二是需要激活文化空间效能。完善公共文化服务标准体系，整体提升场馆服务水平。深化县级图书馆文化馆总分馆体系，实现分馆全覆盖。延长社区文化空间服务时间，鼓励错时开放。创新公共文化设施专业化管理运营模式，提高"建管用"水平。三是需要营造文化治理生态。结合"浙江有礼"省城文明新实践，实施"百城万村"文化惠民行动。深化全民阅读和全民艺术普及，提高人民群众文化素养和社会文明程度。支持基层文化能人和文艺团队走进文化空间，成为活跃社区文化的策划者和领头雁。四是需要完善工作推进机制。建立赛马机制，营造动力传输、压力传导的滚雪球效应。及时总结和推广最佳实践，健全问题发现机制，构建"抓两头促中间"新格局。深化社会力量参与机制，创新政府服务模式，壮大文旅志愿者队伍，形成政府、市场、社会多轮驱动局面。

截至2022年5月底，十大民生实事项目（21212个）整体实施进度达86%，其中，516个公办学校城乡义务教育共同体建设项目进度率96.46%，完成率57.91%；836个保障性租赁住房建设项目进度率91.33%，完成率91.37%；226个新建规范化残疾人之家项目进度率94.82%，完成率74.50%；全省整体交通建设投资1202亿元，同比增长22.3%；公路水路投资707亿元，同比增长35.2%，总量居全国第一。

（二）文化旅游事业

为促进浙江省公共文化服务事业的发展，需着力打造文化旅游事业，促进人民美好生活建设。一是积极打造"15分钟品质文化生活圈"，深化百城万村文化惠民工程，优化公共文化服务环境布局，建立健全浙江文化保障卡机制，完善公共文化服务体系的评价指标，推动建设具有浙江特色的公共文化服务创新载体，让公共文化服务更好惠及全省人民群众。二是实施新时代文化地标建设。深入实施百亿文化设施建设工程，推进宋韵文化传世工程，已建成杭州国家版本馆分馆、之江文化中心等重要文化地标，鼓励各地结合本地文化特色，打造彰显地方魅力的文化地标。三是打造共同富裕文化情境。在机场、码头、车站、景区景点、商业综合体等公共场所营造具有江南文化底蕴的氛围，在城市地标建筑、重点公共设施等标志性空间展示浙江文化内涵，构筑充满活力、开放包容的文化共享空间。实施"一村一品"乡村文化品牌建设，把共同富裕文化融入乡村设计改造，发展沉浸式共同富裕乡村文化体验。根据最新印发的《关于高质量建设公共文化服务现代化先行省的实施意见》。深入实施百城万村文化惠民工程，推进城乡一体化服务如"15分钟品质文化生活圈"建设，建成农村文化礼堂2万余家，每万人拥有公共文化设施面积达 4137（2022 年）平方米。

（三）公众满意度

公共文化服务体系建设得好不好，关键是看人民群众满意不满意，因而公共文化服务体系能否满足人民群众的需求，对政府提出了新要求。要更好地满足人民群众的需求，需建立健全以政府为导向、加强社会参与、以市场为主体的公共文化服务运行机制，倡导进行志愿服务、文化赠送、文化公益等活动，扩展"文化管家"等多种方式，积极引导文化类的社会组织发展提升，让更广泛的社会力量参与公共文化服务供给和文化设施管理。进一步完善人民所期望的公共文化服务供需对接机制，扩大并创新发展"菜单式""订单式"的公共文化服务。尝试推动公共文化服务机构和旅游项目中心结合改革试点，将科技中心、文化馆、老幼活动中心、青年校外活动场所等具有公共文化服务性质的场所并入公共文化服务体系，全方位推进公共图书馆、文化馆总分馆机制。加强标准化体系化无障碍设施和关爱服务设施建设，强化公共文化场所应急能力建设。较为客观地制定出基本公共文化服务均等化标准制度和公共文化机构绩效考评制度，进一步完善公共文化服务质量监督机制，使人民群众真正对公共文化服务满意。

如浙江嘉兴率先开通教育系统"24 小时不打烊心理护航热线"，建立心理专职教师一站式工作机制。桐乡法院打造全国首个"未来智能法庭"，将 5G、大数据等与诉讼服务、审判业务、诉源治理深度融合。未来，浙江省的公共文化服务设施和活动将全面提升，全体人民为打造精神生活共同富裕省域而努力。更加丰富全域现代高品质文化服务供给，更加健全公共文化基础设施，全面繁荣文学、音乐、舞蹈、摄影、美术、书法、民间文艺等多种艺术形式，全面覆盖城乡一体化的现代文化服务体系，城乡区域之间各处体现人文关怀与精神价值，共同推动浙江省成为文化获得感、人民幸福感高的省份。

（四）特色建设

浙江的公共文化设施服务建设覆盖到许多方面，山海协作产业园建设也成为其重要的组成部分。浙江深入实施山海协作工程、建设山海协作产业园，有利于发达地区拓展发展空间、"腾笼换鸟"、促进社会经济转型升级，有利于欠发达地区借力发展、"筑巢引凤"、增强自主发展能力，这些措施对于加快建设海陆互动新格局、促进全省区域协调均衡发展、建设物质与精神生活共同富裕的现代化浙江具有重要意义。深刻认识产业园建设的重要性，能够拓宽发展思路，加大建设力度，强化管理服务，提升运行水平，促进山海协作加快发展。

加快山海协作平台建设。一是促进山海协作产业园建设。推动9个山海协作工业产业园数字化、智能化改造，促进18个文旅产业园完成1个以上标志性项目建设，2022年完成固定资产投资180亿元。二是推进山海协作"飞地"建设。全面启动26个山海协作"产业飞地"建设，并取得实质性进展；聚焦导入高端要素资源，在杭州、嘉兴等地为26县布局"科创飞地"集聚区；聚焦精准帮扶，推动山区26县已建的37个"消薄飞地"正式化建设。三是全方位加强特色文化产业平台建设。深入推动26县特色生态产业平台建设，完善文化产业运营管理机制，谋划完善供需对接服务，引导发达地区技术、资本与市场等要素与山区自然生态资源相结合，共同打造高端设备、电子信息、生物医药、医疗器械、新型材料等新兴产业。

提升山区内生发展动力。全力助推9个山海协作工业产业园、18个山海协作文旅产业园以及79个"飞地"园区建设，实现26县共建平台全覆盖。一是努力促进9个山海协作工业产业园转型发展。以打造"百亿级"山海协作产业园为目标，深入推进园区智能化和产业数字化，强化山海协作产业园的集聚效应和辐射效应，努力打造山区生态工业发展主平台。2020年以来，9个山海协作工业产业园完成固定资产投资276.3亿元，实现工业总产值675亿元。二是积极推进18个山海协作文旅产业园提质增效。按照"一区一品、各具特色"的要求，加快基础设施建设和项目招引，以核心区标志性项目为牵引，推进各产业园串联成线，努力打造成大花园建设的标志性平台。2020年来，18个山海协作文旅产业园完成固定资产投资315亿元，服务业营业收入603亿元。三是加快进行山海协作"飞地"建设。积极在省级6大新区和15个能级较高的开发区（园区）平台推进山海协作"产业飞地"建设，目前26个"产业飞地"签订共建协议，9个实质性项目启动建设，引进项目24个，启动项目资金11.9亿元；37个"消薄飞地"已实现26县全覆盖，带动26县3100多个集体经济薄弱村实现增收，返利4亿多元；16个"科创飞地"孵化项目315个，回流山区26县产业化项目94个。同时，积极推动杭州、嘉兴等地为山区26县集中布局"科创飞地"。

推动公共服务优质共享。一是积极推动医疗资源共享。结合医共体建设，继续推进医疗联合体建设、医疗卫生项目合作、医疗骨干交流培训，开展医疗卫生"山海"协作提升工程，组织省市级医院与山区及海岛县签订合作框架协议，下派资深医疗专家近400名，组织省内高校和优质中小学校、医疗机构选派优秀教师、医疗骨干到山区26县工作或开展培训。二是推动教育资源共享。采取校际结对、联合办学、选派优秀教师等方式，推动优质教育资源传递。推进省内1500所中小学开展校际结对，推动8所省属高校与衢州学院、丽水学院结对合作，到目前，26县均通过了国家义务教育发展基本均衡县评估。进一步完善学校"一对一"结对、名师结对培养以及高校间"组团式"帮扶等机制，不断提升山区师资队伍建设水平和教学质量。积极利用数字化教学方式，协同推进"互联网+医疗"和"互联网+教育"，让山区人民群众享受到更加高效便捷的公共服务。创造条件，引进发达地区优质的教育医疗机构。积极引导发达地区各类资本到山区26县举办或合办有规模、有特色、有亮点的医疗服务机构和教育机构等。三是进行文化旅游合作。积极开展特色文化及非遗项目展演、文化走亲活动、专场文艺演出、职工疗休养互推等活动，持续深化文化旅游交流合作。四是推动建设医疗教育合作平台。深化"双下沉、两提升"政策，鼓励省级与杭州、宁波等市三甲医院与山区医院建立长期良好的合作机制，统筹推进紧密型医联体、远程医疗协作网等多种形式的高水平医联体建设。推动杭州、宁波等优质学校与山区加强教育合作，在山区设立人才联合培养基地。

山海协作具有广泛的发展潜力。在未来，一是加快基础设施建设，加快推进杭温铁路、衢丽铁路、景文高速、瑞苍高速等一批重大交通基础设施项目建设，积极推进温福高铁、温武吉铁路、义龙庆高速公路、庆景青公路等项目前期工作，着力打造山区对外交通大动脉。加快推进一批普通国、省道和"四好农村路"建设，提升基础设施联动水平。加快在山区 26 县布局建设一批抽水蓄能电站。二是推动公共服务优质共享，加快推动山区一批教育、卫生、文化、体育等领域基础设施建设，全面推进教共体、医共体服务，深入实施"千校结对"帮扶行动、医疗卫生"山海"提升工程，推进优质教育与医疗资源共享、精准下沉。三是强化数字改革赋能，推动山区 26 县抢抓数字化改革机遇，促进与发达地区相互学习、相互借鉴、共同提高，优化创新创业生态，打造最优营商环境。积极推进 GEP 核算成果应用，拓宽生态产业价值实现途径。四是打造"平台型"协作载体。持续推进山海协作产业园提质增效，9 个山海协作工业产业园围绕主要的产业，加快引进上下游联动产业，培育新时代生态产业集群，累计完成固定资产投资 488 亿元、实现工业总产值 1094 亿元；18 个文旅产业园通过"一园多点"开发模式，形成了一区一品，各具特色的标志性成果，累计完成固定资产投资 595 亿元，实现服务业营业收入 653 亿元。打造山海协作"产业飞地"，在省级新区、能级较高的开发区（园区）平台，为山区 26 县谋划布局 1 平方千米左右、以先进制造业为主的"产业飞地"，助力拓展山区县发展空间，目前已推动 26 个"产业飞地"签约和合作。当前，16 个山海协作"科创飞地"已累计孵化项目 307 个，37 个山海协作"消薄飞地"累计返利超过 4 亿元、带动 3000 多个经济薄弱的产业。

二 当前公共文化服务面临的挑战

当前，浙江省已率先实现公共文化服务标准化，但发展不平衡不充分的问题仍然存在。一些地方公共文化基础设施建设还不充分，文化设施利用率不高，文化供给不均衡、不精准，具有重大影响力、浙江辨识度的标志性文化成果较为缺乏。政府将"15分钟品质文化生活圈"建设列入民生实事工程，对引领人民群众参与"浙江有礼"文明实践，建设公共文化服务现代化先行地区，打造"精神富有"型社会具有重大意义。浙江省文化广电和旅游厅聚焦数字文化"文艺惠民"跑道，解决基层公共文化资源统合不够、服务品质不高、产品数量不足等群众关心的热点问题，扎实推进"15分钟品质文化生活圈"建设。

具体来说，面临的挑战主要表现在：一是设施布局不够均衡。农村公共文化设施相对滞后，城市社区公共文化设施较为充足，但空间严重不足，重大型设施建设、轻小微文化空间布局等问题依然存在。二是功能发挥不够充分。基层文化服务供需体系不对应，难以及时准确地满足群众多层次、多方面、多样化的文化需求。有的地方重硬件建设、轻管理运营，文化场馆吸引力不够。三是合力统筹未充分体现。设施多头管理、资源各自为政现象仍然存在。部分社区文化空间孤岛式运行，文化资源单一，缺乏良好的文化活动，合力未充分发挥。

此外，文化是社会发展的黏合剂、稳压器，一方面，文化在公共事件危机应对中具有重要作用和独特价值；另一方面，文化是在公共事件危机面前较为脆弱的领域之一，文化产业抗风险能力较弱，短期内自我修复功能不强。新冠疫情暴发以来，公共文化服务、文旅产业发展、公众文化活动受到严重冲击，部分主要指标呈现明显下滑，有些方面到2022年年底还未完全复苏，一些市场主体生存困难，有的甚至经营停滞、关闭倒闭。

三 健全公共文化服务体系的未来方向

在中国共产党第二十次全国代表大会上，习近平总书记反复强调社会主义建设要坚持以人民为中心，坚持在发展中保障和改善民生，要繁荣发展文化事业和文化产业，不断实现人民对美好生活的向往，"健全基本公共服务体系，提高公共服务水平，增强均衡性和可及性，扎实推进共同富裕"[①]。浙江省健全公共文化服务体系要深入学习准确理解，与深入学习贯彻习近平总书记的重要讲话精神相结合，不断推动公共文化服务体系合理化大发展。

一是不断推动文化领域数字化建设。深化建设文化智融工程，加快推动文化改革发展的整体转型，建立长期稳定发展的数字化文化服务体系。深入推进文化领域的数字化建设和数字化转型，尽早地形成与数字化时代对应的文化生产、传播和治理方式，促进文化领域全方位、系统性、深层次改革。加强文化领域整体协同发展、数字文化服务、数字文化产业、数字文化实践等综合发展，着力打造友爱奉献浙江、"家头条"、"邻里帮"、"文E家"、文化礼堂家等数字化应用场景，建立数字化文化产权保护平台，形成全局管控、政令快达、执行到位、服务通办、监督畅通的协同体系。深化落实新闻出版、文艺文体以及图书馆、文化馆、博物馆、美术馆等文化空间和设施数字化建设，构建便捷、共通、融合的数字化文化场馆。深化进行义化产业数字化建设，加强数字演艺、数字影视、数字出版、短视频、数字音乐、数字创意等数字化文化产业，夺取文化发展先机，不断增强文化竞争力。进而实施智慧广电建设，构建应急广播智能化体系，打造数字化广电平台。

二是推动文化领域全方位创新发展。建立健全文化生产服务体制

---

① 习近平：《高举中国特色社会主义伟大旗帜　为全面建设社会主义现代化国家而团结奋斗——在中国共产党第二十次全国代表大会上的报告》，《人民日报》2022年10月26日第1版。

和文化设施经营机制，打造新时代文化发展治理模式，提升文化治理效果。深入推进国有化文艺团队改革，扎实推动文艺分类变革，激发内部发展活力，打造精品浙江演艺团队。建立健全民营文艺事业扶持改革机制，积极发展民营企事业经纪人。加强国有资产监督体制的创新建设，稳步推进国有文化企业员工持股、业绩激励、总经理改革试点，努力探索文化产业所有制改革新方案，健全文化企业大规模改革容错免责机制，从而建立更加科学合理、效率更高、符合发展规律的国有资产监督机制。分类逐次推进国企单位改革，畅通文化服务单位内部运行机制，逐步建立市场规则明确、行业性质明晰的薪酬分配制度和管理模式。深入推进媒体融合改革，深化健全多方面的媒体工作机制，支持各方面条件达标的企业上市，允许主流媒体控股或参股相关企业。此外，加强社科研究院所体制创新，进一步完善课题管理、经费应用、人才培育和成果激励等机制。不断推动文化领域行政执法改革，明确规范文化方面法律体系，持续进行文化领域"扫黄打非"工作，逐步推进文化法治改革建设。

第二节　居民综合阅读

在党的二十大报告中，习近平总书记指出要提高全社会的文明程度，"加强国家科普能力建设，深化全民阅读活动"[①]。居民综合阅读水平体现着国家教育水平和资源普及度的发展，具体表现为几个子指标：全社会教育投入情况、学前教育资源配置情况、义务教育优质均衡情况、劳动人口平均受教育的年限等。

当前，在习近平新时代中国特色社会主义思想的指导下，浙江开展生动的实践，举办了"中国共产党的故事"等宣介会、中国共产

---

① 习近平：《高举中国特色社会主义伟大旗帜　为全面建设社会主义现代化国家而团结奋斗——在中国共产党第二十次全国代表大会上的报告》，《人民日报》2022年10月26日第1版。

党与世界政党领导人峰会等国际性论坛会议，多方面、深层次、多渠道对外讲好中国故事、浙江故事；《之江新语》《红船精神》等图书被翻译为多语种在全球出版推广，国际传播影响广泛；"美丽浙江"等重大新型主流传播平台建设实现大发展、大进步，媒体融合发展走在前列。另外，突发事件和热点问题舆论引导和舆情处置机制也得到系统重塑，为稳妥处置涉浙舆情，维护"重要窗口"的良好形象起到突出作用。

按照习近平总书记的指示，浙江省正在创作和生产一批思想性和艺术性完美统一的文化精品，打造一批经得起历史和现实检验的经典作品，加大全社会教育投入力度，落实新时代文艺精品创优工程。总体而言，浙江省新时代文艺创造呈现良好态势，主要艺术门类创作生产居全国第一方阵。有多项文化作品获"之江潮杯"等各类文化奖项。仅过去五年，就有800余件浙产文艺精品入选全国大展或获评重大文艺奖项。浙江美术创作精品"百年追梦"也全面完成，组织创作的美术作品有33幅入选中国共产党历史展览馆，数量居全国首位（如图5-2）。另外，浙江省也为网络作家、编剧、艺术创研搭建好高质量创作平台，汇集了一大批名家大师，成为新型文艺形态创作发展新高地。

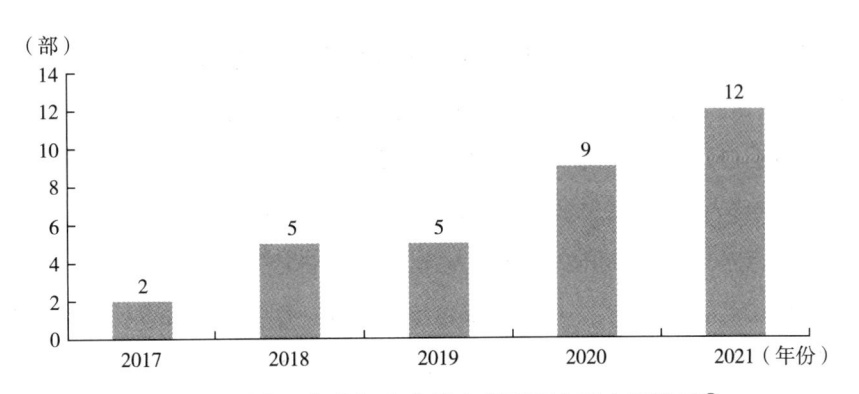

图5-2 过去五年浙江省电影电视剧获全国大奖数量①

---

① 《关于未来五年文化建设重大问题的研究报告》，中国政府网，http://www.gov.cn/zhengce/2022-08/16/content_5705612.htm，2022年8月16日。

当前，浙江省在居民综合阅读水平发展中，已经取得了较好的成绩，但还需继续深入推进全民阅读。继续举办高质量浙江书展，打造浙江书展新型品牌，广泛开展读书沙龙、阅读季等活动，营造浓厚的书香浙江氛围。其一，以载体创新促文化惠民，在毗邻社区建设一批小而美的公共文化空间，累计建成城市书房1025家、文化驿站578家、乡村博物馆56家。圈内设施统一标识、统一信息公示牌、统一发布活动资讯、统一建设标准、统一文化服务。所有公共文化场所免费或优惠为附近居民提供无差别服务。其二，对标"三张清单"，一站式为群众提供文化参与"云入口"、线上阅读"云书房"、艺术培训"云课堂"和才艺展示"云秀场"。开发"15分钟品质文化生活圈"电视服务端，在线提供180万余种电子图书、3亿余条电子期刊、各类音视频137万个、学术资源11.7亿余条，以数字化改革提升公共文化惠及面。其三，整合设施资源，全省10.2万个设施实现闭环管理、实时监测。整合服务资源，统筹团委、科协、体育等部门基层服务力量，实现跨部门业务协同。整合团队资源，培育文化社团2.8万个、文化骨干2.9万个，吸纳文化志愿者35.6万人。其四，聚焦群众需求，丰富产品形态，截至5月底，浙江共组织演出8172场次，举办展览6732场次、讲座2.1万场次、阅读推广活动1.8万场次。推动图书阅读、艺术普及等走进休闲娱乐场所和商业综合体，此外，推广"文化管家"模式，吸引社会力量参与公共文化设施运营管理。

为推进浙江省教育文化水平，必须建设标志性地标设施。现已以杭州、宁波、温州、金义四大都市区为中心，打造了一批国内一流、国际知名的现代都市文化圈，大力发展时尚、设计、会展、现代演艺、夜游经济等现代性都市文化。现已形成"数智杭州·宜居天堂"、宁波国际港口名城、温州现代时尚之都、金义国际商贸之都等一批标志性重大文化地标设施。

为推进浙江省教育文化水平，必须加强社科强省建设。文化研究工程2.0版在实施之中，为推出更多具有深远影响的重大成果，让浙学成为具有世界影响的东方思想标识作出探索。推进永嘉学派、阳明心学、南孔儒学等优秀思想文化研究，开展当代浙江思想史研究，编纂以浙江历代文献为主体内容的浙江文库。实施哲学社会科学创新工程，推进建设浙江省一流学科，实现学科"登峰计划"，使得一批特色学科成为国内领先、国际先进的学科。实施浙江人文学科振兴工程，提升基础理论研究水平。深化哲学社会科学协同创新计划，建设一批哲学社会科学重点研究基地和文科实验中心，打造"浙学论坛"学术品牌。实施现代智库体系建设工程，高水平建设一批重点专业智库和重点培育智库。推动高校、科研机构在海外建立中国学术研究中心，加强国际合作研究和学术交流。设立国际人文社科基金，吸引全球更多的社科学者研究浙江。

未来，要提高居民阅读水平，提升教育发展质量，还需在文艺创作上强调两点：

第一，推进重大题材文艺作品创作。全面推进各门类文艺繁荣发展，进一步丰富高品质文化产品和文化服务供给。实施新时代文艺精品创优工程，推进当代文学精品、美术书法精品、现代音乐精品、影视动漫精品、传统戏曲精品、歌剧舞剧精品等重点项目创作，健全重大现实、重大革命、重大历史题材规划组织机制，加强农村、少儿等题材创作。与此同时，抓好主题出版引领工程，促进浙版原创精品出版，编撰"浙江文丛"第三期，助推"当代中国文学名家"书系等品牌出版项目，进行浙江树人出版奖评选。到2025年，推出100部左右反映新时代、新浙江、新气象，具有传播度、辨识度、认可度的浙江文艺创作精品。

第二，创新文艺创作生产体制机制。健全以社会效益为首、社会效益和经济效益相协调的文艺创作生产体制机制，全面深化文学、影视创作生产等领域创新。建立重点文艺创作全流程保障机制，发挥浙江文化艺术发展基金导向作用，完善文艺精品扶持机制，加大对省级卫视频道资源影视剧播出的统筹指导，实行重点内容生产文化企业驻企指导员制度。遵照多劳多得、多演出多得酬劳的原则，实行演出收入向业务骨干和做出突出业绩的人才倾斜、向一线演员倾斜、向关键岗位和特殊岗位倾斜的分配机制。在文艺创作生产机构上，设立艺术委员会或艺术总监岗位。探索支持民营文化企业参与重大主旋律影视作品生产创作的政策举措。加强文艺评奖和文艺评论工作，完善省精神文明建设"五个一工程"等评选表彰机制，实施文艺领域荣誉制度。

第三节　文明习惯

习近平总书记在党的二十大报告中指出，要"统筹推动文明培育、文明实践、文明创建，推进城乡精神文明建设融合发展"[①]，强调提高人民的文明素养，可见文明程度在文化强省建设中占据重要位置。一方面，文明是现代化的显著标志，扎实推动共同富裕和现代化进程，是人的文明素质和社会文明程度不断提高的体现。把文明浙江作为文化建设的最终目标，培育和践行社会主义核心价值观，彰显了以文化人、以文育人的本质要求，也为建设文明中国先行探路。另一方面，文明是人类社会的共同追求和国际通用的普遍话语，建设继承传统文化、彰显时代精神、融合现代文明的文明浙江，有利于形成便于传播展示的话语体系和传播体系，塑造体现人类文明新形态的新型文明。

浙江省全域推进精神文明创建活动，在多个方面取得了很好的成果。巩固扩大全国文明城市"满堂红"创建成果，确定新一轮省示范文明城市参评城市 10 个，省文明县（市、区）参评城市 14 个。全域推进新时代文明实践中心试点，建成文明实践所（站、点）5 万

---

① 习近平：《高举中国特色社会主义伟大旗帜　为全面建设社会主义现代化国家而团结奋斗——在中国共产党第二十次全国代表大会上的报告》，《人民日报》2022 年 10 月 26 日第 1 版。

余个,实现实践所、站全覆盖,实施"文明好习惯养成工程""最美风尚培育行动",继"礼让斑马线"之后,"用餐不浪费""聚餐用公筷""带走半瓶水"逐渐成为浙江文明新风尚,文明好习惯养成实现率达84.83%。

实施全域文明创建行动计划,巩固提升全国文明城市创建成果,全面推动文明创建从城区向乡村延伸,从局部向全域覆盖,从风景向全景升迁。深化拓展新时代文明实践中心建设,构建覆盖县(市、区)、乡(镇、街道)、村(社区)三级的新时代文明实践体系。健全现代志愿服务体系,广泛开展志愿服务关爱行动。实施新时代文明生活行动,深化移风易俗,探索实行文明新制度。实施文明好习惯养成工程,提升"礼让斑马线、聚餐用公筷、排队守秩序、垃圾要分类、餐饮不浪费"等文明实践品牌。加强网络文明建设,发展积极健康文明的网络文化。

构建全域精神文明创新体系。一是构建"浙江有礼"省域文明品牌架构体系,建立浙江"有礼指数"测评体系,持续深化"礼让斑马线"等文明好习惯养成实践,广泛开展"迎亚运、讲文明、树新风"活动,深入开展"迎亚运文明创建"大行动。二是迭代升级"志愿浙江"应用,深化"众帮和美"志愿服务机制改革,完善随手做志愿广泛参与机制、协同共享机制、全周期激励保障机制、重大应急救助社会参与机制及志愿服务理论和制度创新体系。

未来,浙江省将继续通过重点项目提升文明习惯。一是深化拓展新时代文明实践中心建设。推进新时代文明实践中心建设,在全省实现县(市、区)新时代文明实践中心、乡(镇、街道)新时代文明实践所、村(社区)新时代文明实践站全覆盖。按照有场所、有队伍、有活动、有项目、有机制的"五有"标准,分类施策、突出特色,进一步推动新时代文明实践中心建设工作规范化、制度化。实施文明好习惯养成工程,广泛开展"迎亚运讲文明树新风"活动,重点打造2—3个具有浙江特色的文明品牌。二是提升全域文明创建行动计划。文明创建工程已经形成较为完整的工作体系，文明城市、文明村镇、文明单位、文明家庭、文明校园评选表彰制度不断完善。到"十四五"末，浙江省努力实现全国县级文明城市达50%、文明村镇县级及以上建成率达90%、文明单位省级及以上达3500家、文明校园县级及以上建成率达60%、文明家庭县级及以上达20万户。

第六章　浙江精神生活共同富裕的探索对中国和世界发展的重要意义与启示

党的十八大以来，以习近平同志为核心的党中央准确把握新时代、新发展阶段的新变化，把逐步实现全体人民共同富裕摆在更加重要的位置上，并在共同富裕视域下不断强调精神生活富裕的重要性。习近平总书记指出："实现中华民族伟大复兴的中国梦，物质财富要极大丰富，精神财富也要极大丰富。"① 党的十九大报告指出："坚持和发展中国特色社会主义，总任务是实现社会主义现代化和中华民族伟大复兴，在全面建成小康社会的基础上，分两步走，在本世纪中叶建成富强民主文明和谐美丽的社会主义现代化强国。"② 文明强国究竟如何建设呢？文明强国又是如何体现呢？浙江省以精神生活共同富裕建设率先示范，文明强国体现为人民精神世界充盈丰裕、人民精神力量蓬勃向上。这也是实现共同富裕的内在要求。2021年8月17日习近平总书记在中央财经委员会第十次会议上强调："我们说的共同富裕是全体人民共同富裕，是人民群众物质生活和精神生活都富裕。"③ 可见，共同富裕是人民群众物质生活和精神生活都富裕。精神生活共同富裕应有三个基本维度：

---

① 《习近平谈治国理政》第2卷，外文出版社2017年版，第323页。
② 习近平：《决胜全面建成小康社会　夺取新时代中国特色社会主义伟大胜利——在中国共产党第十九次全国代表大会上的报告》，《人民日报》2017年10月28日第1版。
③ 习近平：《扎实推动共同富裕》，《求是》2021年第20期。

一是社会能为人们提供丰富多彩的精神生活条件；二是个体对精神生活享有程度多元化，衡量标准多元多样；三是国民精神状态良好与个体精神追求境界不断提升。精神生活共同富裕，从社会群体看，就是能够保持积极健康的社会心态，社会道德秩序良性运行，整个社会对于善恶美丑等价值观念具有正确的评价标准，能够理性平和地看待现实中存在的负面问题。浙江在精神生活共同富裕建设方面取得了卓越成就，总结了丰富经验，其建设精神生活共同富裕的经验对中国和世界发展具有重要的意义。具体来说，第一，浙江精神生活共同富裕的经验对中国走中国式现代化具有重要意义。第二，浙江精神生活共同富裕的经验对世界人类文明的构建具有推动意义。第三，浙江精神生活共同富裕的经验对中国乃至世界精神生活共同富裕的建设具有举足轻重的启示。浙江精神生活共同富裕不仅关系到中国乃至世界的精神生活共同富裕的发展走向，还蕴含着中国乃至世界的精神生活共同富裕的未来构想。

第一节 浙江精神生活共同富裕探索对不断推进中国式现代化的重要意义

深入学习精神生活共同富裕的深刻内涵，扎实推进精神生活共同富裕对于不断推进中国式现代化的发展具有十分重要的意义。精神生活共同富裕有其特定的时空背景，即中国特色社会主义进入新时代。关于人的精神生活、精神生产，马克思、恩格斯更多是从扬弃资本逻辑所产生的人的全面异化，实现人的自由全面发展角度进行阐述的。我们党历代领导人则更多从物质文明与精神文明协调发展的角度强调精神文明建设的重要性。习近平总书记除从理论上阐述精神生活、精神生产的重要性之外，更重视在实践层面，在"扎实推进""取得实质性进展"的语境中思考精神生活共同富裕问题，把精神生活共同富裕建设作为新时代中国特色社会主义这一新时代、新发展阶段的主题之一。浙江精神生活共同富裕则是中国精神生活共同富裕在实践方面取得实质性进展的典型范例。精神生活共同富裕不但是促进人的全面发展，满足人民群众对美好生活向往的内在要求，而且是全面建设社会主义现代化国家，开创中国式现代化和建构人类文明新形态的内在要求。

浙江精神生活共同富裕建设为推动中国精神生活共同富裕作出了重要贡献，尤其对人的全面发展、中国式现代化的发展、人类文明新形态的建构具有十分重要的意义。习近平在任浙江省委书记时曾指出："人，本质上就是文化的人，而不是物化的人；是能动的、全面的人，而不是僵化的、单向度的人。人类不仅追求物质条件、经济指标，还要追求幸福指数；不仅追求自然生态的和谐，还要要求精神生态的和谐；不仅追求效率和公平，还要追求人际关系的和谐与精神生活的充实，追求生命的意义。"① 精神生活共同富裕成为新时代促进人的全面发展和满足人民美好生活需要的内在要求，只有从精神生活共同富裕角度满足人民对美好生活的向往，才能开创和不断推进中国式现代化的发展。

浙江精神生活共同富裕建设是开创和不断推进中国式现代化的重要标志。习近平总书记在庆祝中国共产党成立100周年大会上指出："我们坚持和发展中国特色社会主义，推动物质文明、政治文明、精神文明、社会文明、生态文明协调发展，创造了中国式现代化新道路，创造了人类文明新形态。"② 中国式现代化有五个特征：第一，我国的现代化是人口规模巨大的现代化；第二，我国的现代化是全体人民共同富裕的现代化；第三，我国的现代化是物质文明和精神文明相协调的现代化；第四，我国的现代化是人与自然和谐共生的

---

① 习近平：《之江新语》，浙江人民出版社2007年版，第150页。
② 习近平：《在庆祝中国共产党成立100周年大会上的讲话》，人民出版社2021年版，第13—14页。

现代化；第五，我国的现代化是走和平发展道路的现代化。① 从中国式现代化的第二和第三个特征可以看出在共同富裕中实现精神生活富裕，是开创和不断推进中国式现代化、构建人类文明新形态的重要标志。

浙江精神生活共同富裕体现了人的发展的精神生活方面，表征了中国式现代化。中国式现代化根本区别于资本主义现代化，它意味着对社会主义精神文化产品的真正占有，它要扬弃资本主义现代化的人的物化、异化、精神匮乏等弊端。相比于大部分国家所走的西方资本主义现代化道路，中国式现代化道路代表的是社会主义文明形态，更准确的表达应该是中国特色社会主义文明形态。以马克思主义为指导，以中华优秀传统文化、革命文化和社会主义先进文化为内核的意识形态、思想观点、价值观念、知识体系是对西方资本主义精神文化的超越，如新发展理念、全过程人民民主、人与自然和谐共生即人与自然生命共同体、人类命运共同体等先进观念引领物质文明、政治文明、精神文明、社会文明和生态文明协调发展，为其他发展中国家走现代化道路、构建人类文明新形态提供新的选择。

浙江精神生活共同富裕是中国特色社会主义在新时代、新发展阶段人的精神生活状态——精神生活共同富裕状态的一种典型表现，指向人的自由全面发展。浙江精神生活共同富裕不是少数人的精神生活共同富裕，而是全体人民的精神生活共同富裕；不是整齐划一的平均主义式的精神生活共同富裕，而是保护个人主观能动性的、包容式的精神生活共同富裕。浙江精神生活共同富裕是一个不断生成的过程。习近平总书记在省部级主要领导干部学习贯彻党的十八届五中全会精神专题研讨班上的讲话中指出："我国正处于并将长期处于社会主义初级阶段，我们不能做超越阶段的事情，但也不是说在

---

① 参见习近平《论把握新发展阶段、贯彻新发展理念、构建新发展格局》，中央文献出版社2021年版，第9—10页。

第六章　浙江精神生活共同富裕的探索对中国和世界发展的重要意义与启示　155

逐步实现共同富裕方面就无所作为,而是要根据现有条件把能做的事情尽量做起来,积小胜为大胜,不断朝着全体人民共同富裕的目标前进。"① 根据中央部署,浙江精神生活共同富裕要在"十四五"末迈出坚实的步伐;到2035年取得更为明显的实质性进展。21世纪中叶把我国建成富强民主文明和谐美丽的社会主义现代化强国,让包含浙江省民众在内的全体人民都能够基本实现精神生活共同富裕。

浙江精神生活共同富裕的经验主要包括以下方面:自觉坚定的理想信仰;树立科学和谐的价值观念;培养丰厚的科学与人文素质;保持健康向上、积极进取的精神状态(情感、意志);形成良好的道德品行和社会风尚;开展丰富的文化娱乐生活;实现精神生活共同富裕所需要的完善的公共文化服务体系、美丽的生态环境、公平正义平等的社会秩序、稳定而安全的社会环境等重要条件。

浙江精神生活共同富裕的经验在积极推进中国式现代化的过程中具有十分重要的意义。浙江省过去五年的精神生活共同富裕经验令中国在现代化建设方面取得了突破性进展,使得人民获得感、幸福感及认同感大为提升,精神力量持续增强。浙江省委、省政府把精神生活共同富裕建设摆在全局工作突出位置,坚定不移沿着习近平总书记指引的路子走下去,接续推进精神生活共同富裕建设八项工程,推动精神生活共同富裕建设取得了历史性成就,对于不断推进中国式现代化具有重要意义。浙江精神生活共同富裕在召开精神生活共同富裕工作会议之后,进行了精神生活共同富裕建设"186行动",打造了新时代精神生活共同富裕高地,浙江精神生活共同富裕为不断推进中国式现代化提供了宝贵经验。

第一,认真系统学习、研究宣传、贯彻落实习近平新时代中国特色社会主义思想。深入贯彻习近平总书记提出的"两个巩固"的根本任务,把学习宣传实践习近平新时代中国特色社会主义思想作为首要政治任务,深入实施铸魂溯源走心工程,聚焦守好"红色根

---

① 《习近平谈治国理政》第2卷,外文出版社2017年版,第214—215页。

脉",集中开展党史学习教育,认真开展习近平新时代中国特色社会主义思想主题教育活动,"习近平新时代中国特色社会主义思想在浙江的萌发与实践""习近平科学的思维方法在浙江的探索与实践"系列研究产生重要影响,浙江省习近平新时代中国特色社会主义思想研究中心成立并运行,"跟着总书记学思维"等活动入心走心,领导干部上讲台、新时代青年理论宣讲团等品牌更加响亮,全省广大干部群众"两个确立"思想根基更加坚实、"两个维护"政治自觉更加坚定。

第二,引导主流舆论牢牢占据主导、扩大影响力。深刻把握习近平总书记提出的"坚持巩固壮大主流思想舆论,弘扬主旋律,传播正能量,激发全社会团结奋进的强大力量"重要指示精神,以深化媒体融合改革为抓手,大力加强传播能力和传播体系建设,对内聚民心、对外展形象,奏响浙江大地变革实践的昂扬旋律。习近平新时代中国特色社会主义思想在浙江生动实践国际传播影响广泛。如2020年,浙江省新时代文明实践中心试点扎实开展,农村文化礼堂实现"建管用育"一体化,覆盖率和惠民率进一步提升,11个设区市全部跻身全国文明城市、全部创成全国双拥模范城。浙江优秀传统文化在传承中发展,大运河国家文化公园加快建设,良渚古城遗址等世界遗产得到有效保护和传承利用,宋韵文化品牌塑造成效初显,文化旅游加快融合,"百县千碗"品牌进一步打响。[①]

第三,用社会主义核心价值观引领社会风尚。坚定不移贯彻习近平总书记提出的物质文明与精神文明协调发展重要思想,坚持自治法治、德治、智治"四治融合",公民思想道德素质、科学文化素质和社会文明素养不断提高。大力弘扬伟大建党精神、红船精神和浙江精神,全面实施社会主义核心价值观建设的"六大行动",擦亮"最美浙江人"品牌,广泛宣传时代楷模和身边好人好事,率先开展文明典范

---

① 浙江省地方志编辑委员会办公室编:《浙江年鉴》(2021),红旗出版社2022年版,第100页。

城市创建，凝聚起不断开拓奋进的强大精神力量。群众性精神文明创建蓬勃开展，成为首个全国文明城市设区市"满堂红"的省份，新时代文明实践中心率先实现全覆盖，礼让斑马线、聚餐用公筷、用餐不浪费等蔚然成风。

第四，不断促进城乡公共文化服务优质均衡发展。牢记习近平总书记对浙江提出的"加快建立覆盖全社会的比较完备的公共文化服务体系，努力为人民群众提供更多更好的公共文化服务，率先实现基本公共文化服务标准化"殷殷嘱托，不断加大文化强省建设投入力度，不断加大公共文化服务体系构建力度。浙江音乐学院、浙江自然博物院、小百花艺术中心等重大设施全面建成，国家版本馆杭州分馆、之江文化中心等新时代文化地标加快建设，公共图书馆、文化馆、博物馆、美术馆等文化场馆整体达标，农村文化礼堂500人以上行政村覆盖率超过97%。每万人拥有公共文化设施建筑面积从2016年的2350平方米增长到4028平方米。"送文化""育文化""种文化"和"文化走亲"等活动深入开展，五年来送戏下乡共14.2万场、送展览讲座下乡8.7万场、送书下乡1702.8万册、"文化走亲"3.3万次，人民群众精神文化生活质量持续提升。

第五，不断推进新时代文化精品力作的创造与生产。浙江按照习近平总书记关于"必须创作和生产一批思想性和艺术性完美统一的文化精品，一批经得起历史检验的传世之作"的要求，着力实施新时代文艺精品创优工程，设立"之江潮杯"文化大奖，新时代文艺创作呈现良好态势，主要艺术门类创作生产居全国第一方阵。五年来，共有800余件浙产文艺精品入选全国大展或获评重大文艺奖项。电视剧《鸡毛飞上天》、歌剧《呦呦鹿鸣》、图书《心无百姓莫为官——精准脱贫的下姜模式》等7部文艺和出版作品获全国精神文明建设"五个一工程"奖，"百年追梦"浙江美术创作精品工程全面完成，组织创作的33幅美术作品入选中国共产党历史展览馆展出，数量位居全国第一。建成了中国网络作家村、之江编剧村、浙江艺术创研中心等重大平台，浙江省成为新型文艺形态发展新高地和名家大师重要聚集地。

第六，打造优秀传统文化标识。浙江认真落实习近平总书记作出的"深入挖掘中华优秀传统文化蕴含的思想观念、人文精神、道德规范，结合时代要求继承创新，让中华文化展现出永久魅力和时代风采"的重要指示，以深入实施重大工程项目为抓手，持续推进传统文化传承、保护、利用和发展，打造浙江文化经典。浙江文化研究工程第二期共设立研究项目349项，出版学术专著380余部，推出了代表千年文脉精华的《中国历代绘画大系》等重大项目。推进千年古城复兴计划，加强历史文化村落保护，优秀传统文化焕发新活力。

第七，不断推进文化产业高质量发展。浙江对标习近平总书记提出的"把文化的力量融入于经济发展之中，在经济发展中推进文化发展，促进文化与经济、政治、社会建设的相互交融和综合竞争力的不断增强"的指示精神，推进文化经济化和经济文化化，推动文化体制改革不断深化，文化产业发展凸显领跑优势。

第八，推动旅游业成为战略性支柱产业。浙江深入学习践行习近平总书记提出的"建设旅游经济强省"战略思想，不断推进旅游与文化融合创新发展，"诗画浙江"文旅品牌持续提升，旅游业整体规模和效益位居全国前列，世界旅游联盟总部永久落户浙江。

以上这些浙江精神生活共同富裕建设的宝贵经验，对于中国建设现代化具有"六个始终坚持"的借鉴意义。五年来，浙江省文化建设坚定不移地用习近平总书记关于文化建设的重要论述谋划改革、推进工作，在取得了一些全国领先、群众认可的实践成果的同时，也形成了体现先行探索、具有迭代效应的制度成果，有利于从思想文化方面不断推进中国式现代化。

第一，始终坚持理论研究阐释与实践凝练升华相结合，打响了党的创新理论溯源品牌，取得了落地生根推动工作的示范作用。牢牢把握习近平新时代中国特色社会主义思想既是完整的理论体系也是指导实践的战略体系,建立理论与实践双向转化的宣传阐释制度,"习近平新时代中国特色社会主义思想在浙江的探索与实践"系列研究成果影响广泛,文化建设铸思想之魂、举精神之旗的重要作用更加彰显。

第二,始终坚持文化强省战略的强基固本、凝心聚气的使命职责,全方位构筑党的创新理论"飞入寻常百姓家"的工作体系。

第三,始终坚持满足人民群众文化需求与增强人民群众精神力量相结合相统一,构建社会主义核心价值观宣传教育、实践养成、政策保障的新格局。把文化作为实现人的全面发展决定性因素,以文化人、以文育人,健全先进典型选树引领制度,文明有礼成为浙江人的闪亮名片。

第四,始终坚持顺应人民群众文化新期待新需求,打造以文化礼堂为牵引的基层文化阵地体系和文化惠民制度体系。推进公共文化服务规范化、标准化,推动《浙江省公共文化服务保障条例》立法,形成了农村文化礼堂、县级图书馆总分馆、城市书房等文化惠民浙江经验,让文化建设成果看得见、摸得着、真实可感。

第五,始终坚持以人民为中心的创作导向,建立健全重大主题文艺精品扶持机制和全周期创作生态链。构建重大题材精品创作规划机制、文化艺术发展扶持激励机制、作家艺术家深入生活扎根人民的长效机制,催生了重大题材电视剧"浙江现象",推动了浙江省文艺事业的繁荣发展。

第六,始终坚持根植浙江大地深厚文化积淀,形成优秀传统文化创造性转化和创新性发展的法律规章制度和工作机制。出台了《浙江省大运河世界文化遗产保护条例》《浙江省传承发展浙江优秀传统文化行动计划》《浙江省传统戏剧保护振兴计划》等法律规章制度,完善浙江文化研究工程推进机制,涵养文化发展的活水源泉。

浙江精神生活共同富裕建设的宝贵经验,对于不断推进中国式现代化具有重要的借鉴意义。浙江精神生活共同富裕体现为文化事业全面繁荣、文化产业快速发展，这是不断推进中国式现代化的要求。浙江精神生活共同富裕不仅有助于中国继续坚持和发展中国特色社会主义，实现社会主义现代化和中华民族伟大复兴，还有利于中国在全面建成小康社会的基础上，分两步走，在21世纪中叶建成富强民主文明和谐美丽的社会主义现代化强国，以中国式现代化全面推进中华民族伟大复兴。

第二节　浙江精神生活共同富裕探索对创造人类文明新形态的重要意义

浙江精神生活共同富裕的重要经验，不但有助于浙江文化强省建设，有助于我国文明强国建设，而且有助于人类文明新形态的创造。习近平总书记在2021年9月中央人才工作会议上的讲话中指出："要培养造就大批哲学家、社会科学家、文学艺术家等各方面人才。"中国要成为当代世界的文明强国，必须从两个方面入手：第一，不断推动习近平治国理政思想更加全面、更加深入、更加广泛地向世界传播，不断推动习近平新时代中国特色社会主义思想更加全面、更加深入、更加广泛地向世界传播，不断推动构建人类命运共同体。第二，大力发展中国特色哲学社会科学事业，培养大批学贯中西马的学者型思想家。我们不仅要有自己的哲学社会科学学科体系、学术体系和话语体系，还要有自己的"软实力论""文明论""人权论""共同价值观""全过程人民民主论""发展格局论"等。文明强国体现为文化事业全面繁荣、文化产业快速发展。这是推进人类新文明、创造人类文明新形态的时代要求。

浙江精神生活共同富裕经验，有助于我国文化事业和文化产业发展繁荣，推动了我国文明强国建设和人类文明新形态的创造。浙江精神生活共同富裕建设注重推动物质文明和精神文明相协调，不仅仅注重于物质文明的发展,还尤其注重精神文明的弘扬。比如浙江精神生活共同富裕建设优化了城乡文化资源配置,加大了财政资金的投入,推进了城乡公共文化服务体系一体化建设。浙江精神生活共同富裕建设还扩大了优质文化产品供给,实施了文化产业数字化战略。

浙江精神生活共同富裕建设令人民精神世界更加充盈丰裕、人民精神力量更加蓬勃向上,有助于我国文化强国建设和人类文明新形态的创造。充实、发展人民的精神生活是实现共同富裕的内在要求。浙江的共同富裕,是人民群众物质生活和精神生活相协调的富裕,不仅仅是物质生活的共同富裕,还是精神生活的共同富裕。浙江为丰富人们的精神生活,为人们提供了丰富精神生活的条件,以让人民群众充分拥有丰富多彩的精神生活。浙江精神生活共同富裕提高了人民的精神追求境界,令人民的精神状态积极向上、充满正能量。浙江精神生活共同富裕建设使得整个社会群体能够保持积极健康的社会心态,维持了社会道德秩序良性运行,使整个社会对于善恶美丑等价值观念具有正确的评价标准,能够理性平和地看待现实中存在的各种问题。

浙江精神生活共同富裕建设,增强了文化传播力,有利于我国的文明强国建设和人类文明新形态的创造。文化传播力是国家文化软实力的一个重要组成部分。浙江精神生活共同富裕建设的宝贵经验一方面启示我们要成为文明强国,就要建立制度化的交流交往渠道,加强对外文化交流和多层次文明对话,开展"感知中国""走读中国""试听中国"活动,讲好中国故事,说清中国理论,传播好中国声音,促进民心相通。另一方面,中国要成为文明强国,就要建立强大的中文和汉语言传播平台,构建中国语言文化全球传播体系和国际中文教育标准体系,令更多的人用汉语阅读和说话,用中国人的思维思考中国问题。

浙江精神生活共同富裕建设关键塑造了人们的文明素质,实现了人的现代化，有益于中国文明强国的建设和人类文明新形态的创造。浙江精神共同富裕建设全面提升了中国人民德智体美劳各方面的综合素质，促使中国人民形成了两种视野：一个是胸怀天下的视野，不偏狭于自身的视界，使人们拥有了一种胸襟，一种胸怀天下的理念和情怀；一个是互助友爱的视野，能够做到"出入相友，守望相助"。浙江精神生活共同富裕建设推动了全体人民的全面发展，开阔了人民的胸怀和视野，推进了人的现代化进程，促进了中国文明强国和人类新文明的建设。

浙江精神生活共同富裕经验启示我国要不断推动物质文明、政治文明、精神文明、社会文明和生态文明协调发展，五大文明全面提升有助于我国打造成文明强国和创造人类文明新形态。文明强国和人类文明新形态不是一个方面文明的高度发达，而是所有文明的共同整体性发展。物质文明发达意味着有着很高的生产力水平、领先的科学技术、高质量的产业结构等，意味着有完善的生产关系与组织结构、有效的所有制制度和治理方式，更能够为其文明发展提供物质基础。高度发达的政治文明意味着社会主义民主制度十分完善，选举民主和协商民主制度体系都已经充分完善，人民大众的政治意见在广泛的政治参与中得到充分体现。

浙江精神生活共同富裕经验启示我国建设文明强国需要推动五大文明之间的协调发展，尤其推动物质文明与精神文明相协调，特别是发展中国特色社会主义精神文明、精神生活等领域。浙江精神生活共同富裕建设取得了很大成效，关键在于坚持中国特色社会主义道路，破解了经济上利己与道德上利他的矛盾、科学技术进步与社会风气衰败的悖论。正是这一高度发达的社会主义文明，在五大文明建设中注重精神文明涵养与培养，在中国特色社会主义制度和国家治理体系的完善中注意主流道德价值观的渗透与浇灌的宝贵经验加快了我国文明强国建设的步伐。

浙江精神生活共同富裕经验不仅有助于我国的文明强国建设，而且有助于人类新文明的进步和人类文明新形态的创造。文明是人类社会进化的一种状态、程度和水平。文明既有先进部分也有落后部分。既有优秀部分，也有糟粕部分。在历史长河中，有些不可继承的、落后的文明是要被淘汰掉的。所以，文明是在社会进化过程中的一种状态、程度和水平。社会主义文明和资本主义文明的性质不同，决定了社会主义文明相较于资本主义文明更先进。浙江精神生活共同富裕经验在一定程度上推动了人类新文明的发展和进步。

浙江精神生活共同富裕建设在国内率先示范，发展社会主义先进文化，提高了整个社会的文明程度。习近平总书记在中国共产党第二十次全国代表大会上作了《高举中国特色社会主义伟大旗帜　为全面建设社会主义现代化国家而团结奋斗》的报告，明确了"推进文化自信自强，铸就社会主义文化新辉煌"[①]的目标。他强调要提高全社会的文明程度。要实施公民道德建设工程，弘扬中华传统美德，加强家庭家教家风建设，加强和改进未成年人思想道德建设，推动明大德、守公德、严私德，提高人民道德水准和文明素养。统筹推动文明培育、文明实践、文明创建，推进城乡精神文明建设融合发展，在全社会弘扬劳动精神、奋斗精神、奉献精神、创造精神、勤俭节约精神，培育时代新风新貌。加强国家科普能力建设，深化全民阅读活动。完善志愿服务制度和工作体系。弘扬诚信文化，健全诚信建设长效机制。发挥党和国家功勋荣誉表彰的精神引领、典型示范作用，推动全社会见贤思齐、崇尚英雄、争做先锋。浙江精神生活共同富裕建设在公民道德建设工程、统筹推进城乡精神文明建设融合发展等方面作出了重大贡献，提高了全社会的文明程度，推动了人类新文明的进步。

浙江精神生活共同富裕建设推进了中华文化自信自立自强，铸就

---

① 习近平:《高举中国特色社会主义伟大旗帜　为全面建设社会主义现代化国家而团结奋斗——在中国共产党第二十次全国代表大会上的报告》,《人民日报》2022年10月26日第1版。

了中华文明的新辉煌，助力创造人类文明新形态。浙江精神生活共同富裕建设弘扬了中华民族自信自强的精神力量，推进了中华文明的发展。人无精神不立，国无精神不强。浙江精神生活共同富裕所取得的伟大成就，是浙江人民在中国共产党的坚强领导下，自信自立自强、艰苦奋斗取得的。今天，面对国内国际形势继续发生的深刻复杂变化，世界百年变局和世纪疫情相互交织，经济全球化不断遭遇逆流，大国博弈也日趋激烈，世界进入了新的动荡变革期，国内改革发展稳定任务更是艰巨繁重，中国共产党人此时此刻仍然具有自信自立自强的巨大精神力量，对创造人类文明新形态作出了重要贡献。浙江精神生活共同富裕建设是在我国彻底扫除了困扰中华民族几千年的绝对贫困问题背景下展开的，发挥了全面建成小康社会和建设富强民主文明和谐美丽的社会主义现代化强国的积极性、主动性、创造性。浙江精神生活共同富裕引导民众创新、创业，使得广大人民群众弘扬中华文明的志气、骨气、底气空前增强，令中华文明展现出前所未有的光明前景，浙江精神生活共同富裕还令党心军心民心昂扬振奋，社会和谐稳定，党政军民学形成合力。恰如习近平总书记所言："当今世界，要说哪个政党、哪个国家、哪个民族能够自信的话，那中国共产党、中华人民共和国、中华民族是最有理由自信的。"① 浙江精神生活共同富裕建设令人民有信仰、民族有希望、国家有力量。十四亿人民的理想信仰之光、科技创新之魂、富民强国之梦，是自信自立自强的巨大精神力量。这自信自立自强的精神之力，是顺应时代潮流的自觉，是经历沧桑得出的根本共识，是立足我国新发展阶段、落实新发展理念、构建新发展格局"五大有利条件"中最强大的力量。浙江精神生活共同富裕建设不仅创造了物质文明，还塑造了自信自立自强的精神文明，不仅有助于文明强国建设，而且有助于人类文明新形态的创造。

浙江精神生活共同富裕建设不断满足了广大人民群众的精神文明

---

① 习近平：《论中国共产党历史》，中央文献出版社2021年版，第125页。

新需求，广大人民群众在新时代、新发展阶段的新起点上更加自信自立自强。浙江省将精神生活共同富裕纳入新思想溯源工程，启动实施了"习近平关于共同富裕的重要论述在浙江的探索与实践"重大课题研究。在党中央的批准之下，浙江省成立了习近平新时代中国特色社会主义思想研究中心，建设共同富裕的智库平台，密集推出了大量理论研究成果，比如《当前境内思想舆论场关于共同富裕六种误导性观点和应对建议》等。浙江省在精神生活共同富裕建设过程中实施了新时代文艺精品创优工程，谋划设立了"之江潮"杯文化大奖，创作推出了《送你一朵小红花》《红船》《大国飞天》《和平之舟》等新时代主题歌曲、影视作品。浙江省政府还策划实施了《革命与复兴：中国共产党百年图像志》等一批重点主题出版物。与此同时，浙江精神生活共同富裕建设还打造了传承中华文脉的"金名片"。全面推进宋韵文化传世工程"868"行动计划，构建立体化、系统化宋韵文化保护研究传承体系。浙江文化研究工程取得新成效，已经完成52个系列349项课题研究。古越文化、南孔文化、和合文化、阳明文化等优秀传统文化品牌更加响亮。在浙江精神生活共同富裕的过程中，中华文化高质量发展，广大人民群众的美好精神文化生活需要得到进一步的满足，广大人民群众也更加具有文化自信。

浙江精神生活共同富裕打造了新时代文化高地，推进了人类新文明的进程。浙江省过去一年围绕打造新时代文化高地，搭建推进社会主义先进文化发展先行先试的"四梁八柱"，建构了"1+4+5+N"的整体框架。同时制定《关于文化赋能26县同步实现共同富裕的实施意见》《关于推进共同富裕文化创新的实施方案》等，构建打造新时代文化高地责任落实、改革突破、争先创优和激励保障等机制。浙江省围绕人类新文明建设，凝聚了思想共识和智慧力量，做好了精神生活共同富裕的宣传阐释，成为精神生活共同富裕的建设示范，促进了人类新文明的发展。

浙江精神生活共同富裕扎实推进了新时代文明和谐高地建设，形成了人类文明新风尚。浙江省在精神生活共同富裕过程中持续擦亮"最美浙江人"金名片，健全完善了最美人物全周期服务机制，产生了4例全国道德模范、6例全国道德模范提名、1例全国"诚信之星"，推出了"最美浙江人·浙江骄傲"活动，大力弘扬最美精神。浙江省在精神生活共同富裕建设过程中不断提升文明实践品牌影响力，启动培育了"浙江有礼"省域文明品牌，推出了"文明使者""之江美丽心灵""李家播报""幸福巴士"等具有浙江辨识度的特色载体。浙江还上线了"志愿浙江"应用，成为"浙里办"高频应用，目前已有注册志愿者1782.67万，日活跃用户达9万人次，疫情期间更是超过22万人次。浙江省在建设精神生活共同富裕过程中还全域推进精神文明创建活动，巩固扩大了全国文明城市"满堂红"创建成果，确定了新一轮省示范文明城市参评城市10个，省文明县（市、区）参评城市14个。全域推进新时代文明实践中心试点，建成文明实践所（站、点）5万余个，实践所、站覆盖全省80%的乡镇（街道）村（社区），实施"文明好习惯养成工程""最美风尚培育行动"，继"礼让斑马线"之后，"用餐不浪费""聚餐用公筷"逐渐成为浙江文明新风尚，文明好习惯养成实现率81.36%。可见，浙江省不但创建了新时代文明和谐高地，而且塑造了人类社会文明新风尚。

浙江精神生活共同富裕建设坚守了中华文化立场，增强了中华文明的传播力和影响力，推动了人类新文明的发展。浙江精神生活共同富裕建设坚守中华文化立场，提炼展示了中华文明的精神标识和文化精髓，加快推进了中国话语和中国叙事体系的构建，树立了讲好中国故事、传播好中国声音，可信、可爱、可敬的中国形象。浙江精神生活共同富裕建设加强了中华文明的国际传播能力建设，全面提升了中华文明的国际传播效能，加强了与我国综合国力以及国际地位相匹配的国际话语权。浙江省在精神生活共同富裕的建设过程中建立了"126"民情通达机制，建立了共同富裕示范区建设主题宣传报道协调机制，开展了中央媒体集中采访，加强了精神生活共同富裕的主题宣传，实施了"共同富裕"国际宣传传播工程，成功举办了"中国共产党的故事——习近平新时代中国特色社会主义思想在浙江的实践"专题宣介会、"中国共产党与世界政党领导人峰会"等重大会议，讲好了精神生活共同富裕的浙江故事、中国故事。浙江精神生活共同富裕建设作为中华文明建设不可或缺的重要部分，推动了中华文化更好地走向世界，也为人类文明新形态的创造作出了重要贡献。

第三节 浙江精神生活共同富裕探索的重要启示

浙江精神生活共同富裕建设取得了显著成就，不仅不断推进了中国式现代化，还令人类文化精神力量持续增强，助力塑造了人类新文明，助力创造了人类文明新形态。浙江精神生活共同富裕建设致力于高质量推进文化强省建设，打造了全国示范的文明浙江。在浙江精神生活共同富裕的具体实施过程中，浙江坚持以习近平新时代中国特色社会主义思想统领文化建设，新时代党的创新理论彰显更加强大的真理力量和实践伟力，全社会文化创新创造活力竞相迸发，文化名家大师和传世精品持续涌现，现代公共文化服务体系和文化产业体系日趋完善，以"红色根脉"为核心的革命文化、以宋韵文化为代表的优秀传统文化、以新时代为主题的当代浙江文化标识鲜明，物质富裕和精神富有达到新水平、国民素质和社会文明程度达到新高度，全面形成以人的现代化为核心的文化发展格局，成为社会主义文化强国的省域典范，成为展示社会文明进步和中华文化魅力的重要窗口。

浙江精神生活共同富裕的建设得益于党中央关于建设文化强国和

浙江文化强省的重要部署。首先，党的十九届五中全会提出，到2035年建成社会主义文化强国，明确了文化强国建设的时间表。《中共中央　国务院关于支持浙江高质量发展建设共同富裕示范区的意见》明确了要打造以社会主义核心价值观为引领、传承中华优秀传统文化、体现时代精神、具有江南特色的文化强省。中央正在制定的《文化强国建设规划纲要》要求各地编制文化强省（区、市）规划。其次，浙江在精神生活共同富裕方面具有坚实的基础。在文化建设"八项工程"的指引下，浙江省文化改革发展取得了历史性成就，具备了由"大"到"强"跃迁的发展基础。再次，浙江精神生活共同富裕建设有未来有条件。按照现代化建设的时间进程，浙江省总体上比全国提前10年左右实现，文化建设也应基本同步。根据对浙江省文化建设现有指标的初步测算，在2027年前率先建成文化强省是可以实现的。

浙江精神生活共同富裕的建设还得益于党中央关于打造文明浙江的指示。中央正在制定的《文化强国建设规划纲要》明确了要培育和践行社会主义核心价值观，建设文明中国。对浙江来说，建设文明浙江正是浙江省文化建设的新方向新目标，体现了共同富裕示范和现代化先行赋予文化的使命任务。一方面，文明是现代化的显著标志，扎实推动共同富裕和现代化的过程，是人的文明素质和社会文明程度不断提高的过程。把文明浙江作为文化建设的最终目标，培育和践行社会主义核心价值观，彰显了以文化人、以文育人的本质要求，也为建设文明中国先行探路。另一方面，文明是人类社会的共同追求和普遍通行的国际话语，建设传承优秀文化、彰显精神高度、融合现代文明的文明浙江，有利于形成便于传播展示的话语体系和传播体系，塑造体现人类文明新形态的文明窗口。

当前浙江精神生活共同富裕建设进入新发展阶段，浙江省精神生活共同富裕建设已经到了积厚成势、蓄力跃升、全面引领的关键时期，迎来的机遇是历史性的，面临的挑战是深层次的，需要以辩证思维推动浙江精神文化改革发展更进一步、更快一步。在最大的机遇面前，习近平总书记关于精神文化建设的重要思想为浙江省精神生活共同富裕建设确立了新方位、提供了新指引。当代中国进行的一切变革性实践、取得的一切历史性成就，最根本的是习近平新时代中国特色社会主义思想的科学指引。习近平总书记在浙江工作期间对加快精神文化大省建设的省域探索和党的十八大以来关于精神文化建设的重要思想，是浙江精神生活共同富裕建设的总纲领、总方略，也是浙江省精神文化建设工作面临的最大形势、最大优势。

习近平总书记关于精神文化建设的重要思想在战略布局上为浙江精神生活共同富裕建设开辟了宏大视野和广阔空间。习近平总书记强调，统筹推进"五位一体"总体布局、协调推进"四个全面"战略布局，精神文化建设是重要内容，推动高质量发展，满足人民日益增长的美好生活需要，战胜前进道路上各种风险挑战，精神文化建设是重要力量源泉。中国特色社会主义是物质文明和精神文明全面发展的社会主义，共同富裕是物质文明和精神文明相协调的共同富裕。浙江精神生活共同富裕是在中国特色社会主义制度下物质文明与精神文明相互协调发展的共同富裕。浙江精神生活共同富裕建设将精神文化建设放在全局工作的突出位置，以强烈的历史主动精神，推动社会主义文化强国建设。习近平总书记的这些文化建设的重要思想，为浙江省精神生活共同富裕建设提供了新理念新思路，极大地增强了我们精神文化建设的高度自觉和使命担当。

习近平总书记关于精神文化建设的重要思想在发展方位上赋予了浙江精神生活共同富裕建设新的职责使命。习近平总书记指出，一个大国发展兴盛，必然要求文化影响力大幅提升，实现软实力和硬实力相得益彰。要坚定文化自信，推动中华优秀传统文化创造性转化、创新性发展，继承革命文化，发展社会主义先进文化，铸就中华文化新辉煌；强调既要宣介优秀传统文化，也要传播优秀当代新文化，加强国际传播能力建设，完善国际传播格局，推动反映当代中国发展进步的价值理念、文艺精品、文化成果走向海外；强调要深化不同文明交流互鉴，夯实共建人类命运共同体的人文基础。这些重要思想，凸显了精神文化在两个大局深刻演进中的关键变量作用，要求我们以文化的自信自强，立稳应对世界风云激荡的根基，用浙江之窗扩大中华文化影响力。

习近平总书记关于精神文化建设的重要思想在现实任务上指明了浙江精神生活共同富裕建设通往精神富有的未来所向。习近平总书记指出，一个国家的繁荣，离不开人民的奋斗；一个民族的强盛，离不开精神的支撑。我们说的共同富裕，是人民群众物质生活和精神生活都富裕。促进共同富裕与促进人的全面发展是高度统一的；强调要完善公共文化服务体系，推动文化产业高质量发展，让人民享有更加充实、更为丰富、更高质量的精神文化生活，不断满足人民群众多样化、多层次、多方面的精神文化需求。这些重要思想，表明精神文化建设已经成为"幸福指数"的核心指标，是促进精神生活共同富裕的"硬通货"。浙江作为我国精神生活共同富裕的建设窗口，必须加快在现代化先行中推进文化先行、在共同富裕中实现精神富有。

习近平总书记关于精神文化建设的重要思想在方法路径上为浙江精神生活共同富裕建设提供了整体方案。习近平总书记为我们量身定做的文化建设"八项工程"，是做好精神文化建设工作的重要遵循，一直引领浙江精神文化发展向前推进，激励着浙江人民的精神文化创造。党的十八大以来，习近平总书记对精神文化建设的重大理论和实践问题作出了深刻解答，在理论、新闻、文艺、哲学社会科学、网络安全和信息化等领域系统部署。比如，强调要提升文艺原创力，推动文艺创新，提高作品的精神高度、文化内涵、艺术价值，实现从"高原"向"高峰"迈进；强调要深化文化体制改革，扩大优质文化产品供给，加快构建把社会效益放在首位、社会效益和经济效益相统一的体制机制；等等。这些重要思想，架起了推动浙江精神文化生活大发展大繁荣的"桥"与"船",是浙江推进精神文化生活共同富裕建设的坚实底气。

然而,浙江精神生活共同富裕建设进入大变革时代并非是一帆风顺的,浙江精神文化生活共同富裕建设面临诸多风险挑战。总的来看,今后一个时期浙江省精神文化生活共同富裕建设将迎来经济支撑更加有力、改革驱动活力释放、需求迭代拓展市场的重要机遇,同时面临七大变量的风险和挑战。一是国际变局。世界百年未有之大变局深刻演进,文化越来越成为国家间影响力较量的战略工具,成为国家统筹内部与外部、发展与安全、硬实力与软实力的重要决定性因素。谁掌握了文化话语权,谁就拥有竞争主动权。台前的较量是军事实力,台后的竞争是文化软实力。随着后疫情时代我国深层次走近世界舞台中央,文化建设如何应对大国博弈和地缘政治调整,更加主动有效塑造主流价值,更加主动有效展示文化形象,更加主动有效维护意识形态安全和文化安全,面临更多不确定因素。浙江精神生活共同富裕建设作为我国文化建设的排头兵无疑也面临国际变局的风险与挑战。

二是思潮演变。实践表明,时代大变革必然伴随社会思潮的大激荡,社会思潮与主流意识形态之间的张力更加明显,给思想文化领域带来深刻影响。这些年来,西方发达国家呈现出政治极化、政权民粹化、经济逆全球化倾向,其深层次原因在于民族主义、民粹主义等思潮的加速演进和深刻影响。社会思潮演变多元化趋势不可逆转,用主流思潮整合引领正面社会思潮难度加大,对冲消解负面极端社会思潮挑战增多,文化建设培根铸魂、凝聚共识存在的变数越来越多。如果不能有效引领社会思潮,浙江精神文化生活共同富裕建设就难以在思想上和舆论上发挥壮大主流、占据主动的作用。

三是公共危机。文化是社会发展的黏合剂、稳压器,一方面,在公共危机应对中具有重要作用和独特价值;另一方面,文化领域是在公共危机面前较为脆弱的领域之一,文化产业抗风险能力较弱,短期内自我修复功能不强。像新冠疫情暴发以来，公共文化服务、文旅产业发展、公众文化活动受到严重冲击，部分主要指标出现明显下滑，有些方面至今还未完全复苏，一些市场主体生存困难，有的经营停滞、关闭倒闭。研判未来形势，经济发展、社会稳定、公共卫生、国际政治等领域发生重大危机的预期在上升，这需要我们调整完善文化工作思路理念，做好应对危机的思想准备和工作准备，练好内功、强筋健骨，推动文化发展强起来。

四是舆情风险。今后一个时期，风险型社会特征将日益显现，舆情风险成为社会风险的突出引爆点，舆情应对处置是社会治理体系和治理能力建设的重要方面。特别是进入全民用网时代，一些突发事件和敏感热点问题，如果应对处置不当，便会引爆新的舆情，引发系统性"次生危机"，演变成为严重损害党和政府公信力、损害国家形象的重大舆情事件，给社会稳定带来难以估量的影响。浙江精神文化生活共同富裕建设应以自身工作的确定性应对社会舆情的不确定性，更加有效发挥防风险的关键作用，进行系统性重塑。

五是话语重塑。面对网络大众化发展对传播格局带来的深刻变化，在民间舆论场与官方舆论场两个不同的舆论场域里，社会公众特别是青年群体网络话语与主流媒体的宣传话语差异性越来越大，主流媒体宣传话语难以进入公众网络话语，主流媒体话语结构失衡、话语疏离生活世界、话语权受到解构威胁，两个舆论场存在隔阂。浙江省在精神生活共同富裕建设的过程中应把主流话语强势转化为公众认可的话语优势，亟须重塑精神文化生活的话语体系，通过共通性话语形成思想共识、促进心灵共振，实现话语体系的双向对接。

六是社群重构。随着互联网新技术新应用的快速发展，基于去中心化、承载着精神文化认知体系和经济本性体系的社群组织成为社会活动新形态，现实空间和虚拟空间泛在融合，社会生产生活社群化趋势加剧，深刻影响精神文化生产方式、传播方式、消费方式、人文生态和人类文明新形态。如果浙江精神文化建设适应不了这个趋势，就缺少生命力，进入不了社群空间，就没有传播力。这需要浙江省在精神生活共同富裕的建设过程中尽快创新精神文化建设组织方式和生产方式，打造适应社群重构新趋势的文化"第三空间"，推动精神文化建设跨界融合、精神文化传播入群出圈，更加有效满足不同群体美好精神文化生活新需求，更好地引领社会发展进步。

七是技术革新。面向未来，继大数据、区块链、物联网等之后，6G技术、元宇宙、隐私计算、卫星互联网等新技术新应用异军突起，资本与技术深度绑定，深刻改变舆论生态、文化业态、传播形态，在一些领域给浙江精神文化建设带来颠覆性影响。加密社交应用现有技术手段难以实现有效监管，"深度伪造"技术轻松实现"换脸""变声"，社交机器人操控价值流量，新一轮智能穿戴技术重塑人机交互模式。这要求浙江精神文化生活共同富裕建设必须密切关注新技术发展趋势，提前研判布局，让技术更好赋能精神文化建设。

从现实状况综合分析来看，浙江省在精神文化生活共同富裕建设方面也还存在不少短板。浙江省精神文化建设虽然稳居全国第一方阵，但按照走在前列、标杆示范的要求，对标先进兄弟省份和世界发达国家，一些指标还存在差距，这主要表现在三个方面：第一，展示浙江形象的重大传播平台相对缺乏；第二，浙产重大文化精品有"高原"缺少"高峰"；第三，精神文化高质量发展有待进一步提升。

虽然从高标准看，浙江推进精神生活共同富裕有的方面还有待进一步努力，但是，总的看来浙江精神生活共同富裕取得了重要成就。2022年5月下旬，浙江在开展共同富裕示范区建设一年之际，公布了首批浙江省未来乡村建议名单（36个）。杭州市：西湖区转塘街道长埭村、萧山区临浦镇横一村、富阳区东洲街道黄公望村、建德市下涯镇之江村、钱塘区河庄街道江东村。宁波市：奉化区萧王庙街道滕头村、鄞州区下应街道湾底村、余姚市梁弄镇横坎头村（横坎头片区）、镇海区庄市街道永旺村、慈溪市周巷镇万安庄村。温州市：乐清市大荆镇下山头村、平阳县昆阳镇西北片区（湖屿村等）、鹿城区山福镇驿头驿阳村、文成县南田镇武阳村、瓯海区泽雅镇研学纸山片区（纸源村等）。湖州市：安吉县天荒坪镇余村村、德清县莫干山镇仙潭村（国际乡韵休闲片区）、吴兴区妙西镇妙山村（山水妙境片区）。嘉兴市：桐乡市石门镇墅丰村、平湖市钟埭街道沈家弄村、海盐县通元镇雪水港村。绍兴市：上虞区岭南乡东澄村、新昌县澄潭街道梅渚村。金华市：东阳市南马镇花园村、义乌市义亭镇缸窑村、兰溪市游埠镇洋港村。衢州市：柯城区沟溪乡余东村、龙游县溪口镇溪口村、开化县音坑乡下淤村。舟山市：定海区马岙街道马岙村、嵊泗县花鸟乡花鸟村。台州市：温岭市石塘镇海利村、天台县街头镇后岸村。丽水市：青田县方山乡龙现村、缙云县舒洪镇仁岸村、遂昌县新路湾镇蕉川村。

从这些共同富裕的未来村看，他们坚持文化传承，都打造了特色韵味乡村。各创建村充分挖掘当地特色传统文化精髓，在建设中植入"碳中和""两山"等理念，进一步打造风貌美丽、宜居宜游的乡村环境。如衢州柯城区余东村突出"人文生态也是金山银山"主题，通过"一幅画"推动农文旅产业融合发展，形成"农民画+文创+旅游+研学"的产业链，建立"文化融合、产业联动、共富联盟"机制，勾勒出一幅"望得见山水、看得见文化、留得住乡愁、引得进产业、带得动致富"的幸福画卷。新昌县澄潭街道梅渚村以建设"古今融合、宋风美学"文旅生活小镇为载体，以文化为依托、产业为引领，富民为导向，打造符合古村实际的未来乡村场景，让乡村"露天博物馆"活起来，带动一方百姓富起来。青田县方山乡龙现村以稻鱼世界农业文化遗产为核心要素，依托稻鱼文化、农耕文化、华侨文化资源，结合二十四节气定期举办开犁节、丰收节、"稻鱼之恋"文化节等农事节庆、农耕文化活动，通过自媒体、短视频、网络直播等形式加强宣传，着力打响"稻鱼之恋"乡村文化品牌。

总之，浙江在推进精神生活共同富裕方面直面重大机遇和挑战，着眼于中国式现代化和人类文明新形态创造的宏大视野，对标现代化先行和共同富裕示范区建设的任务要求，围绕高质量发展建设精神生活共同富裕示范区的创造性实践，推进精神生活共同富裕不断发展创新。制定出台了一系列制度、文件、方案，提炼了发扬精神生活共同富裕的基因，系统培育好践行建设生活共同富裕的价值理念、社会规范和文化标识，不断释放促进精神生活共同富裕的文化力量。今后，浙江精神生活共同富裕建设将坚定以习近平新时代中国特色社会主义思想为指导，深入把握好习近平新时代中国特色社会主义思想的世界观和方法论，坚持好、运用好贯穿其中的立场观点方法，深入贯彻落实以习近平同志为核心的党中央建设文化强国的指示精神，以数字化改革为引领，不断推进宣传精神文化生活共同富裕工作体制机制改革创新，努力建设精神生活共同富裕之家。

结　　语

　　浙江推进精神生活共同富裕的总体探索是：以高质量经济发展推进精神生活共同富裕建设，打造了文明浙江的全国示范区。浙江推进精神生活共同富裕的基本经验在第二章中已经归纳总结了五个方面，此外，浙江推进精神生活共同富裕的具体经验还有九个方面值得认真阐述。

　　第一，以坚定的理想信念建构浙江精神生活共同富裕的支柱。理想信念是精神生活共同富裕的精神支柱，失去理想信念这一精神支柱，精神生活共同富裕将无法开展。习近平总书记曾经谈道："对马克思主义的信仰，对社会主义和共产主义的信念，是共产党人的政治灵魂，是共产党人经受住任何考验的精神支柱。"① "马克思主义是我们立党立国的根本指导思想。背离或者放弃马克思主义，我们党就会失去灵魂、迷失方向。"② "革命理想高于天。共产主义远大理想和中国特色社会主义共同理想，是中国共产党人的精神支柱和政治灵魂，也是保持党的团结统一的思想基础。"③ 在推动实现精神生活共同富裕的道路上，要坚持马克思主义在意识形态领域的指导地位，坚持共产主义远大理想与中国特色社会主义共同理想，用社会主义先进文化丰富浙江人民精神生活，否则就会陷入迷失方向甚至失去

---

① 《习近平谈治国理政》第1卷，外文出版社2018年版，第15页。
② 习近平：《在庆祝中国共产党成立95周年大会上的讲话》，《人民日报》2016年7月2日。
③ 《习近平谈治国理政》第3卷，外文出版社2020年版，第49页。

灵魂的困境。在建设精神生活共同富裕的过程中，要深入学习研究阐释马克思主义经典理论和党的最新创新理论，特别是习近平新时代中国特色社会主义思想，推动这一思想入脑、入心、入行，实现由被动学习到主动接受、由自发到自觉的转变，切实做到用先进思想武装人民群众的头脑、指导实践、推动工作。应当进一步传承红色基因，用中国共产党人的精神谱系激励广大人民群众投身中华民族伟大复兴的光辉事业。

第二，以社会主义核心价值观为引领，引导人们把握正确的世界观、人生观、价值观、历史观、民族观、国家观、文化观和方法论。精神生活共同富裕并不完全是一个自发形成的过程，需要自觉的引导与建构。社会主义核心价值观是全体中国人民价值观的最大公约数，深入回答了建设什么样的国家、建设什么样的社会、培育什么样的公民的重大问题，是当代中国精神的集中体现，凝结着全体人民共同的价值追求，因此也是精神生活共同富裕的核心内容。在建设精神生活共同富裕的过程中，要进一步以社会主义核心价值观引领人民的精神追求，引导人们进一步树立正确的历史观、民族观、国家观、文化观，以社会主义核心价值观涵养人民对于党、国家、民族的情感认同和心理认同，提升人的精神品格和精神境界，用社会主义核心价值观凝聚各族人民的价值共识和社会共识，进一步积聚社会力量。正如习近平总书记指出的，要使社会主义核心价值观的影响像空气一样无所不在、无时不有，把社会主义核心价值观融入浙江精神生活共同富裕建设的全过程，如精神文明创建、精神文化生产、道德文明建设等。

第三，以中华优秀传统文化涵养人民的精神家园。党的十八大以来，以习近平同志为核心的党中央，站在历史与时代相结合的高度，十分重视中华优秀传统文化的历史传承和创新发展。2020年9月28日，习近平总书记在十九届中央政治局第二十三次集体学习时的讲话中强调："在历史长河中，中华民族形成了伟大民族精神和优秀传统文化，这是中华民族生生不息、长盛不衰的文化基因，也是实现中华民族伟大复兴的精神力量，要结合新的实际发扬光大。"[①] 2022年5月27日，习近平总书记在主持十九届中共中央政治局第三十九次集体学习所发表的重要讲话中指出："中华优秀传统文化是中华文明的智慧结晶和精华所在，是中华民族的根和魂，是我们在世界文化激荡中站稳脚跟的根基。"[②] 在中华民族五千多年的漫长文明发展史中，中国人民创造了璀璨夺目的中华文明，为人类文明进步事业作出了重大贡献。在精神生活共同富裕的建设过程中，应深入研究阐释中华文明讲仁爱、重民本、守诚信、崇正义、尚和合、求大同的精神特质和发展形态，阐明中国道路的深厚文化底蕴。应对中华传统文化坚持古为今用、推陈出新，继承和弘扬其中的优秀成分。坚持守正创新，推动中华优秀传统文化同社会主义社会相适应，展示中华民族的独特精神标识，更好构筑中国精神、中国价值、中国力量。习近平总书记强调，文物和文化遗产承载着中华民族的基因和血脉，是不可再生、不可替代的中华优秀文明资源。在精神生活共同富裕的建设过程中，要让更多文物和文化遗产活起来，营造良好的传承中华文明的浓厚社会氛围，并积极推进文物保护利用和文化遗产保护传承，挖掘文物和文化遗产的多重价值，传播更多承载中华文化、中国精神的价值符号和文化产品。

习近平总书记强调，我们走中国特色社会主义道路，一定要推进马克思主义中国化时代化。如果没有中华五千年文明，哪里有什么中国特色？如果不是中国特色，哪有我们今天这么成功的中国特色社会主义道路？我们要特别重视挖掘中华五千年文明中的精华，弘扬优秀传统文化，把其中的精华同马克思主义立场观点方法结合起来，坚定不移走中国特色社会主义道路。这里习近平总书记所讲的

[①] 习近平：《建设中国特色中国风格中国气派的考古学更好认识源远流长博大精深的中华文明》，《求是》2020年第23期。

[②] 《习近平在中共中央政治局第三十九次集体学习时强调 把中国文明历史研究引向深入 推动增强历史自觉坚定文化自信》，《人民日报》2022年5月29日第1版。

"活起来"就是讲好中华优秀传统文化故事,根据当今时代和中国实际,充分挖掘、阐释、展示、普及文物知识、文化遗产、古籍等优秀传统文化,让大众去学习和认识;就是讲好考古、历史文化的故事。文化传承要多些"烟火气",打破那些"良药苦口"的老生常谈模式,让传统文化"活起来",将传统文化的思想核心和丰富内涵如勤劳、勇毅、智慧、仁义、诚信、团结、忠孝等,通过生动的故事"飞入寻常百姓家",润物无声地融入日常生活的酸甜苦辣咸中,涵养人民群众的精神世界。

第四,提升人民群众的文化自信和思想文化素质。在共同富裕中实现精神生活富裕,必须提升人民群众的文化素质。提升人民群众的文化素质,要在坚定文化自信的基础上,把继承优秀传统文化基因、反映发展实践经验以及借鉴国外优秀成果三者结合起来,努力做到历史与当下、理论与实践、共性与个性的结合,着力提炼自主性、原创性、标识性的新概念、新范畴、新表述,建构体现浙江特色的知识体系和话语体系。优秀思想理论、自然科学技术知识与方法的大众化、普及化是浙江文化建设和推动精神生活共同富裕的一项十分重要的内容。在这方面,浙江哲学社会科学工作者和科技工作者肩负着重要使命,要将文化自信融入其教育体系中,提高广大人民群众的文化素养,夯实文化自信、精神生活富裕的基石。在建设精神生活共同富裕的过程中,要推出更多彰显文化自信和精神生活共同富裕建设的人众读物、科普读物,把提升人民文化素质融入人民的日常生活,为人民群众精神生活共同富裕提供科学基础和支撑。

第五,推动文化事业和文化产业高质量发展,为人民群众提供更多形态多样的优秀文化艺术产品。浙江在建设精神生活共同富裕的过程中当深化文化体制改革、创新文化管理体制,完善把社会效益放在首位、社会效益和经济效益相统一的体制机制,推动文化事业、文化产业高质量发展;坚持以人民为中心的创作导向,在深入生活、扎根人民中创造通俗易懂、喜闻乐见的精神文化产品，让人民群众在享受丰富精神产品后获得精神的满足和提升；提高文化产品的精神高度、文化内涵、艺术价值，用生动的故事、栩栩如生的作品形象引导人民树立正确的世界观人生观价值观，用生动的语言和感人的艺术形象描绘祖国的秀美山河、中华民族的卓越风华、中国人民的勤劳智慧，反映中国特色社会主义事业的蓬勃发展，展现各族人民团结一心、朝气蓬勃、积极向上的精神风貌；尊重和遵循文艺规律，尊重文艺工作者的创作个性和创造性劳动，让他们成为先进文化的践行者、社会风尚的引领者，引导他们在为祖国、为人民立德立言中成就自我、实现价值；适应人民群众对产品形态的需要的变化，创新文化产品的载体和表达形式。

第六，完善公共文化服务体系，为人民群众多样化、多层次、多方面的精神文化需求提供物质支撑，营造良好的社会环境。浙江以满足人民群众文化需求为出发点和落脚点，以实现人民群众精神生活共同富裕为要求推进公共文化基础设施建设；建设更多文化广场、电影城、书城、博物馆、图书馆、体育馆等文化基础设施，形成多级公共文化设施网络。同时，深入实施文化惠民工程，积极组织开展各类文化活动，保护传承文化遗产、民间传统艺术等。人民群众的精神生活富裕是多方面的，除对精神产品的需要外，还包括对公平正义的要求，对安全的要求，对生态环境的要求，因此应推动司法公正公平建设，加强社会治安管理，营造公平正义的社会风气，让人民群众在增强幸福感、获得感的同时，还要有安全感。只有在平安的环境中，人才能实现精神生活富裕。应努力建设天蓝、地绿、水清的生态环境，让人民群众在优美的生态环境中精神愉悦，提升审美情趣。

第七，持续深化社会主义思想道德建设，提高人的道德素质。公民良好的道德修养和高尚的社会道德素养是精神生活富裕的重要象征。精神生活共同富裕建设应着力加强思想道德规范建设，深入实施公民道德建设工程，推进社会公德、职业道德、家庭美德、个人品德建设，激励人们向上向善、孝老爱亲，忠于祖国和人民；积极开展群众性文明创建活动，让人民群众在活动中移风易俗、弘扬时代新风，以社会主义先进文化弘扬真善美、抵制假恶丑，形成和谐友爱的良好社会风尚。

第八，发展健康向上的网络文化。随着数字化和虚拟化技术的发展，互联网作为文化传播和日常交流的空间，在人们的精神生活中占据越来越重要的地位，网络文化的发展对精神生活共同富裕建设发挥越来越重要的作用。一方面，应净化网络空间，发展健康向上的网络文化，传播正能量，宣扬正气；另一方面，应利用互联网技术特别是移动互联网技术创新文化产品形态，如有声书、音视频等，传播更多能为广大读者喜爱的优秀传统文化、中华文明以及革命文化和社会主义文化的故事，传播中国共产党、中国人民不畏艰险、艰苦创业、敢于胜利的故事，传播新时代以来发生的伟大历史性变革和取得的历史性成就的故事，传播好中国精神、中国价值、中国力量的故事。

第九，发挥人民群众的主动创造精神，使人民群众从单纯的接受者与享受者转变为参与者和创造者，让人民群众在精神文化产品创造中实现精神生活富裕。马克思有一句名言：人既是历史的剧中人，又是剧作者。精神生活共同富裕不仅是指主体享受精神产品后的满足和享受的精神状态，也包含主体创造精神财富的能力、意愿以及创造性活动中自我实现的精神满足。因此，应搭建各种平台，鼓励人民群众自发组织开展文化活动，创造接地气的精神文化产品。

总之，浙江精神生活共同富裕建设，不仅展现了重要的总体经验，即以高质量经济发展推进精神生活共同富裕建设，打造了文明浙江的全国示范区，而且留下了一系列重要的具体经验，这些重要经验不仅为各省市精神生活共同富裕建设提供了可以借鉴的重要智慧和启示，而且为建设文化强省、文化强国和创造人类文明新形态作出了重要贡献。

参考文献

一　著作

《马克思恩格斯全集》第1卷，人民出版社1995年版。

《马克思恩格斯全集》第21卷，人民出版社1965年版。

《马克思恩格斯全集》第26卷第1、2、3册，人民出版社1972年版。

《马克思恩格斯文集》第1—10卷，人民出版社2009年版。

《马克思恩格斯选集》第1—4卷，人民出版社2012年版。

《毛泽东文集》第7卷，人民出版社1998年版。

《毛泽东选集》第1—4卷，人民出版社1991年版。

《邓小平文选》第1卷，人民出版社1994年版。

《邓小平文选》第2卷，人民出版社1994年版。

《邓小平文选》第3卷，人民出版社1993年版。

《江泽民文选》第1卷，人民出版社2006年版。

《江泽民文选》第2卷，人民出版社2006年版。

《江泽民文选》第3卷，人民出版社2006年版。

《胡锦涛文选》第1卷，人民出版社2016年版。

《胡锦涛文选》第2卷，人民出版社2016年版。

《胡锦涛文选》第3卷，人民出版社2016年版。

习近平：《干在实处　走在前列》，中共中央党校出版社2006年版。

习近平：《高举中国特色社会主义伟大旗帜　为全面建设社会主义现代化国家而团结奋斗——在中国共产党第二十次全国代表大会上的报告》，《人民日报》2022年10月26日第1版。

《习近平关于全面建成小康社会论述摘编》，中央文献出版社2016年版。

《习近平关于社会主义经济建设论述摘编》，中央文献出版社2017年版。

《习近平谈治国理政》第1卷，外文出版社2018年版。

《习近平谈治国理政》第2卷，外文出版社2017年版。

《习近平谈治国理政》第3卷，外文出版社2020年版。

《习近平谈治国理政》第4卷，外文出版社2022年版。

习近平：《习近平总书记系列重要讲话读本》，人民出版社2016年版。

习近平：《在中国文联十大、中国作协九大开幕式上的讲话》，人民出版社2016年版。

习近平：《之江新语》，浙江人民出版社2007年版。

《中共中央关于深化文化体制改革推动社会主义文化大发展大繁荣若干重大问题的决定》，人民出版社2011年版。

李景源、陈晓明：《浙江经验与中国发展》（文化卷），社会科学文献出版社2007年版。

刘烨编译：《马斯洛的智慧》，中国电影出版社2005年版。

浙江省人民政府主管、浙江省地方志编纂委员会办公室：《浙江年鉴》（2021），红旗出版社2022年版。

浙江省统计局、国家统计局浙江调查总队：《浙江统计年鉴2022》，中国统计出版社2022年版。

［美］马斯洛：《动机与人格》，许金声等译，中国人民大学出版社2007年版。

二 期刊、报纸

习近平:《辩证唯物主义是中国共产党人的世界观和方法论》,《思想政治工作研究》2019 年第 2 期。

习近平:《与时俱进的浙江精神》,《哲学研究》2006 年第 4 期。

习近平:《扎实推动共同富裕》,《求是》2021 年第 20 期。

习近平:《正确认识和把握我国发展重大理论和实践问题》,《求是》2022 年第 10 期。

习近平:《弘扬"红船精神" 走在时代前列》,《光明日报》2005 年 6 月 21 日。

习近平:《决胜全面建成小康社会 夺取新时代中国特色社会主义伟大胜利——在中国共产党第十九次全国代表大会上的报告》,《人民日报》2017 年 10 月 28 日第 1 版。

习近平:《开放共创繁荣 创新引领未来——在博鳌亚洲论坛 2018 年年会开幕式上的主旨演讲》,《人民日报》2018 年 4 月 11 日第 3 版。

习近平:《与时俱进的浙江精神》,《浙江日报》2006 年 2 月 5 日。

习近平:《在纪念孔子诞辰 2565 周年国际学术研讨会暨国际儒学联合会第五届会员大会开幕会上的讲话》,《人民日报》2014 年 9 月 25 日第 2 版。

习近平:《在教育文化卫生体育领域专家代表座谈会上的讲话》,《人民日报》2020 年 9 月 23 日第 2 版。

习近平:《在联合国教科文组织总部的演讲》,《人民日报》2014 年 3 月 28 日第 2 版。

习近平:《在庆祝中国共产党成立 100 周年大会上的讲话》,《人民日报》2021 年 7 月 2 日第 2 版。

浙江省建设厅材料:《共同富裕现代化基本单元建设工作进展》。

柏路:《精神生活共同富裕的时代意涵与价值遵循》,《马克思主义研究》2022 年第 2 期。

段治文、姜雪芳：《红船精神、大陈岛垦荒精神和浙江精神的整体性逻辑分析》，《观察与研究》2020 年第 7 期。

冯颜利：《习近平对推进中华优秀传统文化创造性转化和创新性发展的贡献》，《贵州省党校学报》2021 年第 5 期。

韩保江：《实现全体人民共同富裕：逻辑、内涵与路径》，《理论视野》2021 年第 11 期。

胡键：《文化软实力研究：中国的视角》，《社会科学》2011 年第 5 期。

赖继年：《红色精神的弘扬——以"一江山精神"为例》，《党史文苑》2017 年第 18 期。

李建国、严春蓉：《论精神生活共同富裕的理论意涵及其实践路径》，《科学社会主义》2022 年第 4 期。

李军鹏：《共同富裕：概念辨析、百年探索与现代化目标》，《改革》2021 年第 10 期。

李茹佳：《精神生活共同富裕的内蕴、意义与推进》，《学校党建与思想教育》2022 年第 10 期。

李新潮：《"两创"思想对马克思主义文化传承观的创新与发展》，《文化软实力》2022 年第 2 期。

刘晓林：《走在前列的浙江文化大省建设》，《观察与思考》2005 年第 16 期。

聂庆艳：《浙西南革命精神：思想内涵、历史坐标与当代传承》，《浙江理工大学学报》（社会科学版）2020 年第 3 期。

沈壮海：《文化图强的世界图景》，《武汉大学学报》（哲学社会科学版）2022 年第 3 期。

项久雨、马亚军：《人民精神生活共同富裕的时代内涵、层次结构与实现进路》，《思想理论教育》2022 年第 6 期。

辛向阳：《中国文明强国建设的意蕴》，《中国社会科学报》2022 年第 8 期。

徐李送：《一座屹立不倒的丰碑——中国工农红军第十三军悲壮史迹和斗争精神》，《中国军转民》2020 年第 8 期。

杨宜勇、王明姬：《共同富裕：演进历程、阶段目标与评价体系》，《江海学刊》2021 年第 5 期。

张龙丽：《精神生活共同富裕的生成逻辑、价值意蕴与实践路径》，《理论建设》2022 年第 5 期。

张志洲：《在崛起背景下构建中国自己的外交哲学》，《国际论坛》2007 年第 1 期。

赵剑英：《共同富裕视域下精神生活富裕的时代内涵及实现路径》，《马克思主义哲学》2022 年第 4 期。

浙江省统计局：《2021 年浙江经济高质量发展再上新台阶 共同富裕示范区建设扎实开局》，2022 年 1 月 18 日。

《把中国文明历史研究引向深入 推动增强历史自觉坚定文化自信》，《人民日报》2022 年 5 月 29 日第 1 版。

《继续把党史总结学习教育宣传引向深入 更好把握和运用党的百年奋斗历史经验》，《人民日报》2022 年 1 月 12 日第 1 版。

袁家军：《十年感恩奋进 十年精彩蝶变》，《浙江日报》2022 年 8 月 31 日。

《政府工作报告摘要》，《浙江日报》2022 年 1 月 18 日。

《中共中央关于党的百年奋斗重大成就和历史经验的决议》，《人民日报》2021 年 11 月 17 日第 1 版。

《中共中央召开党外人士座谈会》，《人民日报》2015 年 10 月 31 日第 1 版。

周咏南：《习近平调研舟山 强调利用资源发展海洋经济》，《浙江日报》2005 年 6 月 14 日。

《浙江省推动文化大发展大繁荣纲要（2008—2012）》，《浙江日报》2008 年 7 月 11 日。

三 网络文献

《德清发布全国首个县域精神富有评价标准》,浙江新闻网,https://zj.zjol.com.cn/news.html?id=1776463.

《关于未来五年文化建设重大问题的研究报告》,中国政府网,http://www.gov.cn/zhengce/2022-08/16/content_5705612.htm.

《浙江省文化广电和旅游厅关于印发推进文化和旅游高质量发展促进共同富裕示范区建设行动计划(2021—2025年)的通知》,浙江省政府网,https://www.zj.gov.cn/art/2021/8/16/art_1229278109_59126891.html.

浙江省政府文件:《打造与"重要窗口"相适应的社会主义先进文化高地》,三门县人民政府网,http://www.sanmen.gov.cn/art/2020/7/6/art_1229472540_59002907.html.

后　　记

　　中国式现代化是全体人民共同富裕的现代化。共同富裕是中国特色社会主义的根本属性和本质要求。共同富裕是人民群众物质生活共同富裕和精神生活共同富裕的辩证统一，正如习近平总书记在党的二十大报告中强调指出的："物质富足、精神富有是社会主义现代化的根本要求。物质贫困不是社会主义，精神贫乏也不是社会主义。"① 在全面建成小康社会后，为了不断实现满足人民群众对美好生活向往的目标，中国共产党领导全党全军全国各族人民成功开启了以中国式现代化全面推进中华民族伟大复兴的新征程，实现人民群众精神生活共同富裕具有越来越重要的理论与现实意义。

　　共同富裕问题是近年来国内学界研究探讨的热点主题，大多数学人主要是整体研究共同富裕问题，或者是从经济角度重点研究物质生活共同富裕问题，重点研究精神生活共同富裕问题的较少，从哲学角度重点研究精神生活共同富裕问题的更少。感谢中国社会科学院党组委托我负责研究阐述这个重要的问题。浙江是全国共同富裕的示范区，不仅在物质生活共同富裕方面发展得很好，而且精神生活共同富裕方面也建设得很好，积累了不断推进精神生活共同富裕的大量实践经验，这些重要经验对其他省市不断推进精神生活共同

---

① 习近平：《高举中国特色社会主义伟大旗帜　为全面建设社会主义现代化国家而团结奋斗——在中国共产党第二十次全国代表大会上的报告》，《人民日报》2022年10月26日第1版。

富裕，不断推进共同富裕的中国式现代化都具有极其重要的时代价值与启示意义。

2022年上半年我们接到任务，时间紧任务重，课题组高度重视，由于新冠疫情不方便到浙江调研，好在我们对浙江都比较熟悉，以前几乎每年都要到浙江调研几次，2016年更是到浙江调研了6次，另外浙江省委、省政府及各相关部门都高度重视这个项目的研究，不断给我们提供大量相关数据资料，为课题组顺利完成"精神生活共同富裕的浙江探索"项目的研究阐述提供了重要帮助，特此感谢。

"精神生活共同富裕的浙江探索"项目，是浙江省委、省政府委托给中国社会科学院的重大项目"浙江省高质量发展建设共同富裕示范区研究"的子项目，该子项目的负责人是中国社会科学院哲学研究所原纪委书记、副所长、博士生导师现重庆大学马克思主义学院院长冯颜利研究员，主要成员有唐庆、刘庆芳、冯旗、李鑫、杨海溢、张靖玲、严政、庞艳宾、刘三霞、郑亮、冯露、刘菁等，感谢中国社会科学院党组成员高培勇副院长的信任、鼓励与支持，感谢中国社会科学院科研局的帮助，感谢中国社会科学院哲学研究所领导的支持，感谢中国社会科学出版社编辑的辛勤编辑。

限于时间与能力，不当之处，敬请方家批评指正。

冯颜利
2023年4月20日初稿
2023年12月和2024年8月两次修改